JN439707

가슴이 두쪽이 나는
굽이진 세월의 상흔이
어쩌다 있다 한들
나의 詩는 외롭지 않습니다

이제
나의 詩는 외롭지 않습니다

나의 詩는 외롭지 않습니다

나의 詩는 외롭지 않습니다

김의천 지음

동행

작가의 말

몰랐습니다.
그땐 몰랐습니다.
봄이면 꽃이 피고
가을이면 열매를 맺고
겨울이면 앙상한 나뭇가지인 채
알몸으로 몸을 비워두는 절망을 배워야 한다는 것을
그땐 몰랐습니다.
절망의 늪에서 목숨을 놓고 싶을 때가
나에게도 있었습니다.
이따금씩 그런 날들이 아득한 기억으로 되돌아올 때면
지금은 그냥 쓸쓸하게 웃을 수 있습니다.

그 어느 누구인들
가족에 대한 애환이 없으리요마는

나에겐 가족이 나의 목숨이었습니다.
가족과 떨어져 지낸 나의 십여 년의 세월은
반은 썩어진 삶이요,
반은 흩어지는 구름 같은 삶이었음을 고백합니다.
멍든 그리움을 삭이는 게 최선이 아니라는 것을 알았습니다.
그래서 나의 가족을 위해 나의 등짐을 조금 내려놓기 위한
아픔을 썼습니다.
나의 책은 글이 아니라 아픔입니다.

세상에 내놓기 부끄러운 아픔이지만,
어둠이 내려와도 하염없이 나를 감싸안아 줄 가족이 있으니
평생을 타고난 나의 운명,
하염없이 그리운 나의 가족에게
이 책을 바칩니다.

Contents

2· 슬픈 거문고

3 · 그 어느 生

4• 내 삶의 모든 순간마다

Contents

5·자연, 그리고 사람

6 · 우리는 가족이니까

대우주의 공간 속으로
한 줄의 시를 달고
한 줄의 고독을 달고
무명의 여행을 떠난다

하늘과 땅 사이 스치는
구슬픈 바람 한 점에
동행하는 인생이 외롭지 않더라.

1. 詩는 얼마나 가난한 언어인가

인생의 비바람 속을 걸어온
나의 절실했던 고독한 삶을
붓의 흐름대로 갈피마다 적어내리는
나의 외로운 채찍이 얼마나 빼저리는 건지

그럼에도 불구하고
글짓는 일을 반복하려 하는 나는
나의 詩는 얼마나 가난한 언어인가

고독을 달고 떠나는 여행

꽃은 대자연의 품에 안기어
향기로 말을 한다 하니
사람은 대자연의 품에 안기어
마음으로 말을 하지요
세상사 붙들고 있으면
모든 게 허울이요
모든 게 헛헛함이요
끝내는 마음의 병을 얻을 수 있다 하니

반짝이는 하늘 햇살 아래에다
고단한 가슴의 짐을 적당히 내려놓고
태초에 하나님께서
나에게 내려주신 절대 고독을 달고
어느 산자락에 아름다운 모습으로 자리 잡은
저녁노을 닮은 여행을 떠납니다
대우주의 공간 속으로
한 줄의 시를 달고
한 줄의 고독을 달고
무명의 여행을 떠납니다

詩는 얼마나 가난한 언어인가

詩 한 줄을 쓰려고
詩 한 단어를 쓰려고
얼마나 궁색한 머리를 휘돌려야 하는지

자연의 아름다운 풍경을
詩로 짜내려는 나의 머리가
얼마나 곤궁한 탐색을 해야 하는 건지

인생의 비바람 속을 걸어온
나의 절실했던 고독한 삶을
붓의 흐름대로 갈피마다 적어내리는
나의 외로운 채찍이 얼마나 뼈저리는 건지

그럼에도 불구하고
글짓는 일을 반복하려 하는 나는
나의 詩는 얼마나 가난한 언어인가
얼마나 가난한 언어인가

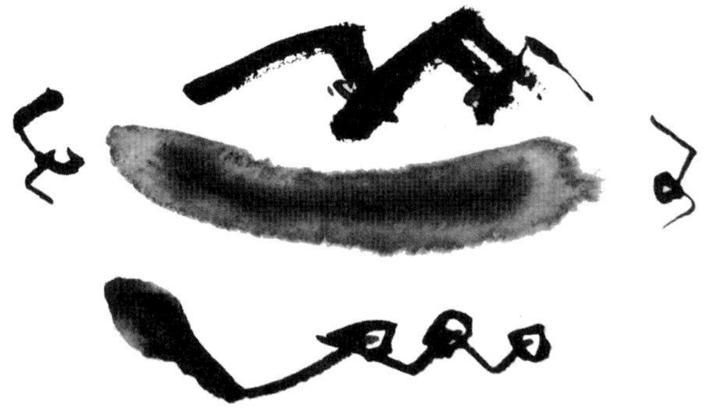

나의 詩

힘에 겨운 신음이
복계산 바람소리와 함께 소리를 낸다
굉음 같은 소리다

아프다고 소리를 지른다
네 발 달린 짐승의 복장터지는 울음소리처럼
그렇게 가슴 먹먹한 울음을 토한다

절벽 같은 나의 붉은 고통이
한밤중에 아우성치듯이
비틀거리며 나의 詩가 된다

* 복계산 : 강원도 철원군 근남면 잠곡리 소재

사랑은 욕심꾸러기

사랑이라는
보기 좋은 이름으로
나는 당신을 구속하려든다는 사실을
너무도 잘 알고 있으면서도
나는 그것을 굳이 사랑이라 부르고 싶어합니다
사랑이라는 허울 좋은 이름으로
당신이 문득 보고 싶어질 때마다
나는 당신의 그리움을 기다리지 못하고
당신이 사색하며 자고 있는 깊은 잠을
나의 잣대로 흔들어 깨우고야 만다는 것을
너무도 잘 알면서도 당신의 의식을 깨우고 나서야
그 이름을 사랑이라 부릅니다
사랑이라는 이름으로
나는 당신에게 대지의 따스한 거짓말을 하며
나는 당신에게 초콜릿 같은 달콤한 말로
당신의 심장을 빛깔 고웁게 물들이려 합니다
사랑이라는 이름으로
나는 당신의 정직한 두 눈에서
굵고 뜨거운 눈물이 하염없이 흐르게 하곤 합니다
사랑이라는 이름으로
오직 사랑이라는 비겁한 이름으로

불면증

먹빛 어둠이 도시를 먹었다
어둠도 허기가 지는 것이다
어둠은
한낮 동안 흐드러지게 피어 있던
꽃들도 먹었고
시인들의 이야기로 목을 축이는
나무들의 심장도 먹었고
깨달음의 길로 흐르는
강물도 먹었다
배가 부른 채 눌러앉은
어둠은
먹빛 하늘의 그믐달은 먹을 수가 없다
그믐달은 내 팔 끝에
초롱하게 매달려 있다
그믐달이
가만히 몸을 흔들면서
어둠의 옷을 하나씩 벗기기 시작한다
새벽이 오기 시작한다
그믐달과 함께 밤을 하얗게 새웠다

봄이라 했다

가늘게 떨고 있는 봄햇살이
生의 걸음마를 하듯이
한 걸음씩 총총 마을 어귀를 돌아
헐벗은 겨울나무 귓볼에
숨결처럼 닿았다
봄이라 했다

죽음 속을 걷다

목이 터져라
인간사 외로워라

나의 심장을 훔쳐간 자는
어디에 있는가

텅 빈 심장 껍데기가
깔깔 대며 웃는다

검은 환청이 꽃봉오리 열듯이
나를 유혹한다

무거운 고뇌의 시간에서
벗어나라 유혹한다

외톨배기

이따금씩
허허로운 바람이 불어
이승의 침입자들이 검은 손을 내밀 때
나는 그들의 시큰둥한 눈빛을 외면한 채
허기진 외톨배기가 되어
산에 오른다

아쉽게도
사람들은 나더러
이해할 수 없다는 표정으로
유감없이 비수같은 고개를 흔든다

세상의 잣대로 따지고 들자면
나는
어김없는 외톨배기다

그런
세상이 을씨년스럽다

그런 세상의 덫이
구역질 난다

남자라는 이유로

목구멍으로 울음이 타오를 때
그 울음을 주먹 속에다
불끈 구겨 넣었다

초저녁
서늘한 바람이 어깨를 스칠 때
빈 껍데기인 허울을 날려 보냈다

발길 닿는 땅
저 깊은 땅 속에
멍든 가슴도 묻었다

울음도 주먹 속에 구겨 넣고
허울도 날려 보내고
멍든 가슴도 묻어 버렸다

남자는 소리도 감추고
울어야 할 것 같았다
남자는 그래야 할 것 같았다

만남

여름날에

가뭄에 땅바닥 비틀어지듯이
갈증에 허덕이는
나의 가슴에
그대들의 만남은
촉촉한 단비가 되어
내 가슴을 울린다

나의 뇌 속에 덕지덕지 얽힌
검게 묵은 비늘을 떼어주는
차 한 잔에
오늘도 우리의 만남을 생각한다

자신의 소중함보다
타인을 위한 배려를
기억할 줄 아는 그대들의 마음이여

잘났든 못 났든
남자든 여자든
맑은 영혼으로
즐거움과 환희의 어울림으로
활짝 웃는 미소로 세월에 기대어
허탈한 마음 달래며
돌아오는 따스한 사랑을
전하고자 하는 그대

우리는
인생의 굽이굽이 턱을 넘어
그리도 가기 어려운 길을 가는데
천년을 살아온 도공의 듬직한 손길에서
새 생명의 혼을 얻어
백학의 날개짓으로
웃음을 먹고 사는 그대들의 만남이여

어머니 · 1

참으로 나지막한 음성으로 어머니, 당신을 불러봅니다.
억만 년, 굽이굽이 흘러온 강물의 세월이
어머니, 당신의 세월 같아서
하늘에 기도하는 마음으로 당신의 이름을 불러봅니다.
세상에 그 어느 아들이
어머니라는 이름 앞에 큰소리 칠 수 있으리요마는
당신의 아들 향한 가슴 시린 사랑을 어이하리요.

그때는
제가 국민학교 다니던 시절이었습니다.
스산한 바람이 뒤엉켜 부는 날이었지요.
당신은 소금기에 절은 심장이 갈기갈기 찢겨진 채
대문 밖에서 아들을 보내야만 했던
어머니의 피멍든 눈물을 지금도 또렷이 기억합니다.

그 날 이후,
당신을 향한 비릿한 그리움으로
꿈에서조차 문밖에서 서성이는 당신의 모습이 보이는 것만 같아
무심한 밤을 꼬박 새우던 날이 하도 많았습니다.
그때의 눈물은 왜 그리도 뜨겁던지요.
왜 그리도 뜨겁던지요.

제가 학업을 마친 후,
직장을 잡은 후에 어머니를 다시 만나던 날,
당신의 고된 숨소리마저 먹먹하게 들려왔습니다.
오로지 아들을 위한 그리움의 진한 향기가
나의 깊은 폐부를 진동시켰습니다.

흐르는 강물에 하얗게 피어오른 물안개를 보니
당신께서 세월을 몰아 내쉬는 한숨인 것만 같아
마음이 짠해 옵니다.

당신께서는 목구멍으로 넘어오는 울음을 꿀꺽 삼키시던 적이
어디 헤아릴 수나 있었겠습니까.

곰곰 생각해 보니
당신의 세월은 무너져 구르는 돌무더기 한 무더기로 부족하겠지요.

이제는 백발이 성성하신 어머니
나의 가슴 아리게 하는 어머니

아! 그래도 저는 행복한 사람이었습니다.

당신께서 나의 등뒤에서 눈물로 기도하셨던 큰힘으로
아늑한 울타리가 되어 이렇게 오십년을 살아왔습니다.

어머니!
힘겨운 어제의 일들은 모두 제가 가져가겠습니다.

세상의 그 어떤 어머니보다도
더욱 고우시고 맑으신 모습의 어머니,
나의 어머니!
이제는
아들이 드리는 용돈마저 꼬겨서 차곡차곡 모아두지 마시고
당신께서 드시고 싶은 것을 맘껏 드시어요.
당신께서 쓰시고 싶은 것을 맘껏 쓰시어요.
당신께선 아들이 인정하는 최고의 어머니이니까요.
내 어머니이니까요.

어머니 · 2

어머니
당신의 숨소리가
아!
온통 눈물이 되는 것만 같습니다

어머니
당신께서 흘리시는 고운 눈물이
아!
온통 강물이 되는 것만 같습니다

먼 길 돌아
저무는 노을길에
아스라이 서 계시는 어머니의 모습이
하도 서럽디 서러워
나의 눈시울이 노을처럼 붉어집니다

언제나 진실만을 가르치시던 어머니
언제나 정의만을 가르치시던 어머니
언제나 '내 탓이오'를 가르치시던 어머니

수북하게 쌓여 있는
당신의 가슴팍 잿더미 속에는
내 생의 한 무더기가 뻔뻔하게 자리하고 있습니다

어머니
당신의 숨소리가
아!
온통 눈물입니다

어머니
당신께서 흘리시는 고운 눈물이
아!
온통 강물입니다

빛이 그립다

깜깜하다

도무지 아무 것도 보이지 않는다

전구 불빛에 비춰진 나의 모습을 보았다

나의 영혼이 보였다

깜깜한 어둠을 닮았다

빛이 그립다

人 生

이봐요
인생은 한낱 안개와 같으니
잠깐 있다 없어지는 안개와 같으니
껄껄껄 그냥 웃고 살지요

이봐요
인생은 한 떨기 풀의 꽃과 같으니
잠깐의 영화를 자랑하고 나면
강한 햇살과 한줄기 비바람이면
행하는 일이 다 시들어 가고 마나니
껄껄껄 그냥 웃고 살지요

이봐요
인생은 당신의 한 뼘 손바닥 같으니
무얼 그리 큰 세상 호령하듯이
허풍을 떤다 하오

살아가려면 긴 인생길 같지만
살아온 길 돌이켜보면
눈 깜짝할 사이 나그네 길 아니던가

이봐요
우리의 인생은
어느 날 홍수가 쓸어가면
모두가 그만인 것을
모두가 그만인 것을
아침에 돋는 풀 한 포기 人生이라오

재회

－소은엄마에게

내가
당신을 위해
할 수 있는 말은
죽을 만큼 사랑한다는 말

어둠을 벗기며
밝아오는 여명처럼

당신과 내가
새아침을 기다립니다

세상의 그 어떤 말로
당신의 사랑을
다 말할 수 있으리요

주마등처럼 스치는
지나간 고된 날들과
당신의 썩은 밀알은
나의 저무는 길에 거름이었습니다

이제
당신을 만나기 위한
혼자만의 싸움을

잘 견뎌냈기에
감격의 당신을
다시 만날 수 있기를 기다립니다

가슴 벅찬 눈물이 납니다
붉게 타는 나의 감동을
살면서 처음으로 느껴보는
이 아침에
나는 다시 당신을 만나
남겨진 내 인생에 꽃을 피우기 위해
먼 길을 떠나겠습니다

가시나무 친구가 되다

아랫배 움켜쥔
솔향기 진한 웃음소리가
겨울바람 사이로 따뜻하게 흐르던 날

살면서 부딪치고 덧나는 상처를
비로소
자유롭게 뒤엉킨 채로
우리는 스스로를 가시나무새라 했다

내 안에 내가 너무도 많아
당신이 기댈 곳조차 없는
존재의 이유도 모르는
그런
가시나무새였다

이른 새벽,
순수로 흐르는 강물을 보면서

내 안에 흐르는 고독이 너무도 많아
내 안에 흐르는 상처가 너무도 깊어
온몸에 가시가 되어

흐르는 번뇌의 江을 지나
가슴을 달구듯
세상과의 소통을 하며
우리는
적멸의 웃음을 웃었다

복계산 기슭에서

산을 오르되
꼭대기는 잊고
오직 오르는 산

시작도 끝도 없이
텅빈 산을 홀로 오르는
산사람이 되었소

온통
설레임에 넘쳐 다니다
걸음으로 씻고 오면
또 산이 그리워져
쳐다보네

산은 바람에 취하고
나는 산에 취하여
자, 간다 더 깊은 산의
가슴팍으로 걸음을 옮긴다

* 복계산 : 강원도 철원군 근남면 잠곡리에 있는 산(1057m)

퇴원을 하면서

정릉 산기슭 척병원
환자실에서
짐을 꾸린다

창문 틈으로 새어 들어온
초가을의 싱그런 햇살까지
짐 꾸러미에 싸가지고 나간다

아픈 상처의 기억은
병실의 휴지통에 구겨 넣어 함께 버렸다

이제 다시
나에게 남은 삶의 여정을 위해 떠나간다
정처없이 그 어디론가!

가족

내 얼굴에는 항상 그림자가 따라다니고 있다.
바람이 불어도, 비가 내려도, 가을 햇살 찬란하게 내리쬐는 날에도 나의 그림자는 나의 얼굴 한 구석진 곳에 늘 살점 찢어지듯이 진하게 자리 잡고 있음을 고백한다.
나에게는 지금도 생각하면 생각할수록 가슴 아린 기억이 있다.
지금으로부터 십여 년 전에, 나는 나의 가족을 캐나다에 두고 한국에서 생활을 했다. 나의 아내와 금쪽같은 세 아이를 두고 말이다.
이런 어린아이들을 등뒤에 두고 떠나는 아빠의 마음이 어찌 마음 편할 수 있었을까 말이다. 그때부터 나의 어깨는 날마다 작아지는 것 같은 느낌을 감출 수 없다는 게 진실일 것이다. 땅거미가 도시의 빌딩을 하나 둘씩 덮을 때에도, 자유를 펼치듯이 날아가는 하늘의 비행기를 볼 때에도 오직 가족 생각뿐이었다.
그래서 나는 한국에서 더욱더 열심히 일에 매달려 살아왔다. 정신없이 일을 하고 정열적으로 삶을 사는 게 오직 내 가족의 동아줄 같은 끈을 생각하며 살아가는 것이라 생각했다.
사는 것에만 집착한 나머지 오직 공부에만 열중했다. 그래서 여러 개의 자격증이 나의 가슴팍에 달려 있다. 하나씩 합격을 할 때마다 나의 가족이 생각났다. 언제나 무덤덤히 나를 바라다보는 다소 무뚝뚝한 나의 아내, 홀로 빈방에서 맨몸을 돌돌 말고 누워 있을 때마다 끔찍히도 눈에 아른거리는 나의 두 딸, 그리고 나의 아들에게 자랑도 하고

싶었다. 아빠는 이렇게 열심히 살아왔노라고 말하고 싶었다. 그래서 시작한 것이 마라톤이었다.

홀로 쓸쓸함을 달래기 위해 긴 여정의 인생을 생각하며 끊임없이 달렸다.

허리 수술로 인해 달릴 수 없는 몸이지만 힘껏 뛰었다. 그것은 나의 외로움이었고, 나의 고독과의 싸움이었다.

10번의 완주를 했다. 뛸 때마다 가족을 생각하며 마지막 목표를 향하여 시련과 고통을 이겨냈다. 항상 아이들에게 아빠로서의 자격을 비워둔 채로 아이들과 함께할 수 없다는 것이 미안하고 안타까워 가슴으로 울었다. 그래서 내 가슴은 숯검정이다. 그래서 내 가슴은 왕소금이다. 내 몸의 반은 내 것이 아닌 채로 반쯤은 썩어 있고, 반쯤은 절어 있는 게 확실한 것 같다. 기껏해야 국제전화를 걸어 안부를 묻고, 아이들 진로의 길을 조언해 주는 아빠의 역할이 다였다. 다소 시간이 길었다는 막막함이 가슴을 조이게 한다.
아빠처럼 우리 아이들의 가슴에도 그러했으리라.
그런 아이들이 너무도 반듯하게 잘 자라주었다. 얼마나 감사한 일인가 말이다. 내 아내의 손길이 얼마나 고마운 일이었는지 제대로 고맙다는 말 한마디 전하지 못해 미안하고 고마울 뿐이다. 젊었을 때는 서로의 아집과 사고방식의 차이로 티격태격 삐걱임도 있었다. 지금에 와서 생각을 해보니 어디 산다는 게 수학논리처럼 딱 떨어지는 정답만 있을까 말이다.
큰딸 소은이는 한국에 있을 때부터 다소 튀는 아이었다. 발랄하고 이쁘고 자기 생각을 반듯하게 표현할 줄 아는 아이다. 줄곧 우등생만 하더니 자기가 원했던 캐나다에서 토론토대학을 졸업하고 보스톤 치대에 합격해 현재 치과의사로 자리를 잡았으니 얼마나 자랑스럽고 대견한지 모른다. 미모 또한 요즘 말로 짱이다.
둘째딸 소현이는 언니만큼 이쁜 얼굴로 여자답고 샘도 많다. 성격도 좋은 데다 공부도 우등생이며 명석한 아이다. 무엇보다 집안의 분위기를 잡는 웃음의 트레이드이다. 엘리트의 기질을 갖고 있고 멋스러운 면이 많다. 또한, 애교로 아빠의 마음을 녹이는 사랑스런 딸이다. 토론토대학을 졸업한 후, 교육학 석사 과정을 하고 지금은 교생 실습 중이다. 막내인 나의 아들 봉현이는 남자 아이라서 그런지 역시, 말수가 적은 편이고 듬직하다.
아직은 어린 나이이면서도 바다같이 넓은 아량과 깊이가 있어서 봉사를 하는 것에도 솔선수범이어서 아빠로서도 진한 감동을 받곤 한다. 아빠가 캐나다에서 자리를 비운 사이에도 가족의 기둥이 되어 나 대신 나의 아내의 마음을 달래주는 멋진 놈이다. 봉현이도 큰누나의 길을 가려고 토론토대학에서 공부 중이다. 이렇게 잘 자라준 나의 아이들이 너무도 대견하고 자랑스럽다.

한국에 살면서 허리 수술을 여러 번 했다. 가족이라는 보호도 없이 오직 나의 이름으로 덩그러니 침실에 누워 있어야 하는 것 또한 나에겐 절규 같은 아픔이었음을 나는 이제 말한다. 내 뼈를 깎는 아픔이 어찌 가족을 내 품에 품지 못하고 내 가족을 내 손에 닿지 못하는 쓰라림보다 더할 수 있을까? 나의 허리를 만질 때마다 나는 어쩌지 못하고 그냥, 그냥 목젖이 타들어가도록 가족이 그립다. 나의 통증보다 더 아픈 게 가족에 대한 그리움인 것이다.

나는 가끔씩 교회를 가곤 한다. 그때마다 무거운 고개를 숙인 나는 무슨 기도의 제목이 그리도 많은 건지….

내 가족의 이름을 하나씩 하나씩 부를 때마다 닭똥 같은 눈물은 왜 그리도 흐르는 건지 모르겠다. 이렇듯 나에게는 가족이라는 이름 하나가 외로움이고, 슬픔이고, 고독이었다.

어쩌다 음식을 먹다가도 나는 일행이 있어도 아랑곳 하지 않고 목이 메인 적이 많다. 아이들이 좋아했던 음식을 먹을라치면 가슴이 먼저 먹먹해져 옴을 어이할 수 있을까? 앞에 앉은 손님들 모르게 흐르는 나의 눈물을 어이하리!

그래서 나는 쓸데없이 껄껄껄 웃는지도 모른다.

남들은 내가 좋은 삶을 갖고, 여유로운 삶을 폼낸다고 하지만 나에겐 모두 다 삶의 권태일 뿐이다.

무엇을 위하여, 누구를 위하여, 우리 가족은 서럽게 그리움을 안고 하염없이 견뎌와야 했을까? 이제 나는 가족이라는 이름이 아침해가 찬란하게 떠오르듯, 돈독한 힘이 되기를 소망해 본다.
가족이라는 이름이 찬란히 눈부시는 봄날, 앞산에 흐드러지게 피어나는 연분홍 진달래의 소식이길 희망한다.
내가 혼자 흘린 외로운 피와 고독한 땀이 가족이라는 이름으로 균열되어 스멀스멀 스며들기를 바란다. 내 생의 마지막 한 시간까지 나는 나의 가족을 위해 울렁이는 생의 기도를 할 것이다. 나의 기도가, 나의 눈물의 힘이 나의 온 가족에게 행복을 기꺼이 얹어 줄 수 있다면 나는 오늘도 기도를 할 것이며 눈물을 흘릴 것이다. 나의 어머니가 나를 위해 흘리셨던 그날의 기도처럼….

2. 슬픈 거문고

그 사람의 슬픈 울림의 통김으로
섬뜩하게 다가오는 죽음의 감촉을 위해
슬픈 거문고 한 줄을 더 매달고 살아
슬픈 거문고 일곱 줄을 가슴에 달고 사는
그런 사람이 있었지요
그런 사람이 있었지요

아들에게

아들아
내 아들아
너의 사랑과 꿈으로
오늘을 살게 하는
내 아들아

시간은 미래로 흘러가지만
아빠의 사랑은
어릴 적 천진하게 걸음마하던
너의 모습에서 머물러
아름답고 그리운 날의 기억들이 아쉽구나

어느새
훌쩍 커버려서
아빠의 모습이 너의 등에 가려지는
세월이 강물처럼
아, 이렇게 흘러간다

든든한 너의 어깨에
잔잔한 세월의 향기가 있고

착실하게 노력하는
생명이 깃든 너의 눈빛에
삶의 진실이 묻어 있음을 본다

아빠는
오늘도
떨리는 두 손을 잡고
매일 매일
아들을 향한 기도를 한다

아빠가 살아온 인생을
내 아들도 그렇게 살아가는 삶에서
때로는
인생은 거친 바다를 항해하는

항해사가 되어야 하느니

아들아
내 아들아
용감하게 파도를 이기며
빛나는 꿈을 향해
뜻있는 내일을 설계하거라

항상
생각하면서
또다시 생각하면서
세찬 겨울이 오면
아지랑이 꿈틀거리는 봄이
멀지 않다는 것을 기억하고

이 세상에
골고루 사랑을 전달하는
아들이 되거라

그런
아빠의 아들이 되거라

운명

작은 풀꽃 하나라도 피울 수 없었던
황량한 마음밭에
나와 비슷하게 닮아 있는 운명이
고독한 땅을 뚫고 나와
온전히 실현되지 않을
새 시대의 꿈을 꾼다

이것이 나의 운명이라
다하지 못할 만남일지라도
만물을 진동시키는 희열로
화려하지 않게 너울너울 다가온 운명이
화사한 생명의 언어로
먼 길의 사랑을 노래한다

털 쉐터
– 여동생에게

생의 슬픔과 허허로움을
길가에 우두커니 서 있는
전신주에 매달아논 채로
찬 겨울의 끝길을
걸어가고 있을 때
내 여동생은 나에게
털 쉐터를 선물했다.

그 날의 기억이 또렷해져 올 때마다
서랍에 가지런히 접혀진 털 쉐터를
꺼내볼 때마다
가닥가닥 실을 짜 올렸던 너의 예쁜
마음가닥이 생각이 난다

하지만
네가 가져온 털 쉐터보다도
더 뜨겁고, 끊을 수 없는 것은
세상에 하나 밖에 없는
오누이의 정과 사랑이더라

허무러진 아버지의 담장 아래
너와 나,
아직도 풀리지 않아

알 수 없는 매듭을 주렁주렁 매단 채
신앙의 갈림길에서
서로 다른 방향을 바라보느라
커억 막힌 심장의 골목길을 가고 있지만

이 세상 하나 밖에 없는 나의 동생아
내 어찌 너를 사랑하지 않겠니
내 어찌 너를 생각하면
봄밤의 아픔처럼 가슴 아련하지 않겠니

너와 난
엄마의 배앓이 속에서
고통의 꽃을 피어낸 푸른 별인 걸

그 바보

당신께서는
아흔아홉 마리의 양을 두시고
잃어버린 한 마리의 양을 위해
험악한 산을 향해
피와 살을 찢기시며
손과 발톱 닳아 없애시며
애타는 음성으로 울부짖으시는데
바보 같은 소년은
당신의 귀한 사랑을 배반한 채
안개와 같이 보이지 않는 인생을
허우적이는 뻔뻔함이라니
철망을 제 집 삼아
언제부터인가 그 집에 홀로이 젖어
철망 밖으로 나올 줄 모르는
바보 같은 소년은
당신을 향한 귀한 첫사랑을 기억하며
언제쯤이면 다시 곤고한 마음으로
되돌아오려는지
그 바보가
바로 나인 걸
그 바보가
바로 나인 걸

꿈에

열이 후끈 달아올랐다
온몸에 고열이 훑고 지나갔다

익숙한 아내의 향내가
침실 병상에서 사랑을 한다

죽음의 층계에서
한 계단 내려온 듯하다

꿈이라도 좋다

그냥 이대로
내가 살고 있다

기다림

병실 한구석 모퉁이에
미련을 버린 듯 누워 있는 나는
삶의 벼랑 끝에 매달려 있다

어디선가 들려오는 소리가 있다
예민한 나의 귀가 소리를 모은다
누굴까
파르르 떨리는 나의 기대는
시름시름 허공으로 흩뿌려지고

하루 종일 발자국 소리만 세다가
오늘도 실없이 잠을 잔다

– 병실에서

이별

어디에서 왔는가
지친 영혼의 그리움을 일어나게 하는
사랑했던 사람

그리움이
파문으로 퍼져나가는
혼돈의 세상

살면서
가슴 아픈 사랑과 이별을 한다

삶의 무게에 눌리고
보고 싶은 그리움에 가슴 저리고
이별이라는 아픈 말에 밀려
내 가슴을 후벼 내리는
성급했던 이별

한줌의 재로 남아
이별이라 하며 떠나버린 당신의 길에
그리움 듬뿍 뿌린다

슬픈 거문고

슬픈 거문고를
가슴에 달고 사는
사람이 있었지요
그 사람은
번뇌의 흑백 날개를 달고
가슴 먹먹해져 올 때면
일곱 줄의 슬픈 줄을 퉁기며
마음을 달랬지요
거문고 첫째 줄은
아득한 하늘 아래
돌아보면 늘 혼자인 자신을 위해
거문고 둘째 줄은
주인 없는 마당에
몸서리치게 서글피 떨어지는
붉은 목련 꽃잎을 위해
거문고 셋째 줄은
하루 일을 마치고
안간힘으로 서산을 넘어가는
서러운 저녁노을을 위해
거문고 넷째 줄은
비좁은 현실에 헐떡이는

겨울날의 아픔을 위해
거문고 다섯째 줄은
마주선 기찻길의 평행선을 달리는 너와 내가
같은 길을 갈 수 없는 시린 발목을 위해
거문고 여섯째 줄은
부서지는 봄햇살에 조르륵 떨어지는
이유 없이 눈물나는 슬픈 허상을 위해
거문고 일곱 번째 줄은
그 사람의 슬픈 울림의 퉁김으로
섬뜩하게 다가오는 죽음의 감촉을 위해
슬픈 거문고 한 줄을 더 매달고 살아
슬픈 거문고 일곱 줄을 가슴에 달고 사는
그런 사람이 있었지요
그런 사람이 있었지요

기도

나의 허물로 인하여
당신께서는 심한 찔림을 받으셨으니
나의 죄과로 인하여
당신께서는 고통의 찢김을 받으셨으니
나를 사랑하시는 주여
당신께서 십자가에 달리실 때
햇빛은 바람에 헝클어져 심히 어두웠나니
나의 고집과 자존으로 인하여
당신은 얼마나 많은 고독의 몸부림을 치셨습니까
당신의 부릅튼 입술로
나의 이름을 간절히 부르셨을 때
나는 당신을 세 번씩이나 부정했던
베드로였음을 어찌 부정하리요

그러나
당신은 내 삶의 멘토였음을 고백하나니
예루살렘의 거룩한 성에서
호산나!
당신의 이름을 다시 부르겠나이다
롯처럼 사람을 따르는 자가 되지 않고
마침내 아브라함처럼 가나안 땅에 들어가는
섬세한 기도의 길을 열어 놓겠나이다

오늘이 마지막처럼

오늘이 마지막처럼
삶을 살아가기 위해
서랍을 정리하고
서류를 정리하고
신발을 정리하고
달려온 어제의 시간을
되새김질한다

죽기내기로 살아온
나의 어제까지의 생이
그 어느 날
아침 이슬같이 사라지리라

내 삶의 무수한 굴곡이여
내 삶의 부딪치는 파도여

거뜬히 생을 걸머지고
준비하리라
오늘이 마지막처럼

―춘천 우두동 사무실에서 커피를 마시다

웃을 수가 없습니다

나이가 들어가면서
12월의 마른 나뭇잎처럼
나의 웃음이 말라가기 시작합니다

나이가 들어가면서
해맑은 웃음을 웃던 때가
이제는 아득한 옛기억이 되어 갑니다

말똥이 굴러가는 모습 하나만으로도
순수하게 까르르 착한 웃음을 웃을 수 있던
그 날들이 사라져버린 지도
이미 오래된 기억이 되었습니다

할머니가 연탄불에 떡을 구워주시던 그 날
어머니가 손수 밥을 지어 주시던 그 날
냇가에 멱을 감던 그 날
추운 겨울에 썰매를 타던 그 날
쥐불놀이를 하며 웃을 태워먹던 그 날

그 날들이 다시는 돌아올 수 없다는 게
서글픈 일이란 걸 알면서도
나는 웃을 수가 없습니다

다시는 그렇게 웃을 수가 없습니다

동해바다

바다에
동해바다에
저녁 어둠이 내릴 때
서둘러 고기잡이 떠나는 배는 분주하다

바다에
어둠이 내린 동해바다에
오징어 배들의 불빛이 총총히 늘어서 있고
바다는 감정에 복받치는
울음을 운다

시린 겨울바람을 이겨내는
어촌 마을의 시장은
남들보다 일찍 깨어나 있다

바다 사람들의
질펵한 삶이 묻어 있는 곳
동해바다는
그냥 그대로 애증처럼
옛일을 추억하듯이
이름 모를 生들을 가슴에 품고 산다

– 속초 어시장에서

자전차포

춘천역 가는 길가 골목길에서
눈에 띄는 낯선 건물을 보다가
고향 닮은 가슴 뭉클한 간판을 만났다
매양 촌스럽기 그지없는 색깔에다
덕지덕지 붙어 있는 먼지에다
세월의 상흔처럼 긁혀진 철판에다
간판 틈 사이로 기어오르는 거미의 발버둥이 보인다
이상한 일이다
먼 기억의 고향을 만난 듯이 사뿐 마음이 정겹다
도시의 화려함과 현란한 네온의 불빛에 익숙한 나의 눈빛이
자전차포 간판을 보자 화끈 낯이 부끄럽다
별을 사랑했던 어린 날의 기억이 새록 떠오른다
어릴 적 동네 아이들의 발그스레한 웃음이 흐른다
아이들과 함께 뛰어놀다 어둠이 내려오면
달을 쫓아 집으로 돌아오던 신작로 길에는
삐뚤빼뚤 어설프게 내건 간판들이 더듬거리고 있었다
그 이후로,
여러 날이 지나고
여러 해가 지나고
어느 먼 산을 바라다보는 나의 머리는
어느새 흰머리가 외로움과 함께 내려앉기 시작했다

마치 진실처럼 매달려 있는
촌스럽기 그지없는 빈집의 자전차포 간판에서
한참을 그렇게 우두커니 바라다보았다
아득한 시간으로 되돌아간 것 같다

착각

외로운 영혼들이
구천에서 떠돌다가
하나 둘씩 발악하며 달려들어
어둠의 깊숙한 강을 건너가 자리한 자리
어찌 이네들과 함께
나의 슬픔을 나눌 것이며
어찌 이네들과 함께
나의 웃음을 공유할 수 있을까
심장 깊숙한 내면의 고혹한 아픔이
마른 눈물로 흐르고
밴드에 맞추어진 찬란한 불빛 아래
현란한 몸부림으로 눈길 모으는
길길이 숨가쁜 춤을 춘다 한들
어찌 보이지 않는 나의 색깔이
다른 색깔의 눈꽃으로 바뀔 수 있으리
잘 살아가기 위한 푯대는 어디에 있고
잘 살아가는 방법의 원칙은 어디에 있는가
와르르 무너지는
내 착각의 바람이 기어이 울고 있다

산에 오르다 · 1

산에 오른다는 게
어디
구름 타고 동동 떠다니듯이
발걸음 가뿐하기만 하더이까

되돌아 내려가고 싶어
몇 번씩이나 뒤돌아보고
헐떡이는 심장의 고통 소리

산에 오르니
인자요산 지자요수로구나

실오라기 걸치지 않은
우유빛 구름이 있고

물결처럼 출렁이는
풍성한 숲이 있으니

인생은 공수래공수거
남는 것은 남루한 육신뿐일진대

초록으로 눈짓하는
산이 있어
오늘도 나는
산에 오릅니다

산에 오르다 · 2

그렇다
산은
어느 누가 찾아와도
나 몰라라
고개를 돌려 외면하지 않는다

산에 오르는
한 걸음 한 걸음에
인생을 담아 지고 간다

여름날이면
푸르름을 닮은 땀방울이
비오듯이 쏟아지고
겨울날이면
헐벗은 나무와 같이
손발이 꽁꽁 얼어 터진다 해도
여전히 나는
산에 오른다

머리 위로 파란 하늘을 이고
풍성한 초록의 숲을 오르다 보면

우주의 질서 속에
하나의 미물로 살아가는 나의
낮은 모습만을 발견한다

그렇다
산은
세상사에 덤덤히
초연할 수 있는 법을 가르친다

믿음의 분량

아이잭 뉴턴은 프리즘을 통하여 빛을 보았다. 그래서 빨, 주, 노, 초, 파 남, 보, 일곱 색의 빛을 볼 수 있었다. 뉴튼이 프리즘으로 빛을 보지 않았다면 우리는 지금도 빛의 색은 하나라고만 알고 있을지도 모른다.

또한 일곱 색깔 무지개의 아름다운 빛을 상상하지 못 했을 것이다. 그렇듯이 신앙인의 색깔 또한 여러 가지다.

오늘날 저마다 신앙인으로서의 믿음의 분량을 자랑한다. 믿음의 프리즘으로 본 신앙인의 색깔은 과연 어느 색깔의 빛을 낼 수 있을까 생각해 본다.

우리는 나와 다른 색의 빛을 가진 사람에게는 '다르다'는 시선보다 '틀리다'는 시선에 주목한다. 그래서 같은 신앙인들끼리도 타인처럼 서슬이 퍼런 눈빛을 서로에게 보내게 되는 것이다.

하나님께서는 지금 이 시간에도 프리즘을 통하여 우리들의 믿음의 잣대를 보시지 않을까? 빨간색을 가진 자의 믿음이 보라색을 가진 자의 믿음보다 작다고, 노란색을 가진 자의 믿음이 파란색을 가진 자의 믿음이 크다고 이 세상의 그 누군들 감히 말을 할 수가 있을까?

우리 시대 믿음의 기준은 과연 무엇일까? 주일마다 빠지지 않고 이름을 등록한 교회에 참석하는 목사님이나 권사님, 집사님들의 자랑스러운 출석과 예배시간에 드리는 헌금의 액수가 많은 성도의 손이 과연 신실하고 뿌리 깊은 믿음의 분량을 가졌다고만 볼 수 있을까?

가난한 자의 엽전 한 냥을 기쁨으로 받으신 하나님이시지 않았던가 말이다. 수십 번의 교회에 출석하는 자의 카인 같은 껍데기 마음보다 일년에 단 몇 번의 예배라 할지라도 마음을 다하고 낮은 자세로 임하고 땀방울이 핏방울 같이 흘리는 간절한 자의 예배와 기도를 드리는 자에게 하나님께서는 아벨의 제사로 여기시지 않을까?

왜 하나님께서는 곡식을 모아 드린 카인의 예배를 받지 않으시고, 양을 잡아 피를 흘리는 아벨의 제사를 받으셨던 것일까?

"너희 중에 죄 없는 자가 간음을 한 여인을 돌로 쳐라."

그 누가 여인에게 돌을 던질 수 있었는가 말이다. 자신의 눈에 들보가 있음에도 상대의 티를 비난하는 행동을 하지 않았을까 조심스럽게 되돌아본다.

교회 안에서 거룩한 성도라 하는 교인들은 자신들의 잣대에다 큐브를 그리고 믿음의 분량을 그 안에서 판단하는 것이 허다하게 많다는 사실이 안타깝다. 믿음의 뿌리가 견고한 사람이 누구누구라고 과연 어느 사람이 판단내릴 수 있을까?

사람의 모습이 각기 다르듯이, 사람의 개성 또한 저마다 다르듯이, 믿음의 분량은 서로 다르지 않겠는가? 성경에서 빌립은 하나님의 모습을 만나기를 바랐을 때 하나님께서는 네가 바로 하나님의 모습이라 하시지 않았던가? 자신의 모습과 행위에서 믿음의 분량이 나오는 것이리라.

믿음의 분량까지도 하나님의 은사인 것인즉, 이런 모습들이 모여진다면 아름다운 신앙의 무지개가 어우러지는 것이다. 담장 넘어 뻗은 푸른 나뭇가지에 주렁주렁 매달린 복음의 열매들이 함께 매달려 있을 때, 그 나무는 하나님 보시기에 얼마나 흡족하실까 생각해 본다.

성전을 크게 지어 놓고 예배를 드리는 곳에서 하나님께서는 눈물을 흘리셨다. 교회에 기도가 잃어버려져 가고 있기 때문이다.

교회가, 믿음의 자녀들이 신앙의 프리즘을 통한 기도의 향기가 봄꽃 활짝 피어나는 사랑의 향기가 되기를 간절히 바라는 마음이다.

모든 기도의 제목이, 믿음의 분량이 그리스도 예수의 이름이 되기를 기도한다.

3. 그 어느 生

그 날이 오면
투명한 태양이 찬란하게 쏟아져 내리겠지
나는 이승이 아쉬어 뒤돌아보지 않고
불투명한 어둠 한 조각 입에 물고
중독된 그리움도 날려 보낼 거야

딸의 소풍날

이십 년쯤 전이다
딸아이의 소풍날이다
바쁜 회사일을 미루고 아빠라는 이름으로
어린 딸과 함께 소풍을 나섰다
누구나 하는 일처럼
가족과 둥그러니 모여 앉아
마땅한 자리를 찾아 돗자리를 펴고 준비해온
점심을 먹고 난 후
선생님의 호루라기 소리에 아이들은 다시 모이고
게임으로 들어간 나는 아빠의 몫으로 열심히 함께 했다
아이의 발과 나의 발을 하나씩 함께 묶고
하나 둘 하나 둘 박자에 맞추어 달리기를 하는 것이다
아이를 안고 호흡을 맞추며 까르르 웃는 딸의 웃음소리에서
아빠는 희망을 담뿍 느낀다
어린 딸과 함께 하고, 가족과 함께 하고,
자연과 함께 하는 날에
딸의 머리부터 발끝까지 사랑함을 느낀다
동쪽에서든
서쪽에서든
그 어느 곳에서 세찬 바람이 불어오든지
나는 어린 딸이 서 있는 곳에 서서

든든한 바람막이 아빠가 될 것이다
지금도 그 날의 까르르 웃던
딸의 웃음소리가 귀에 청정하다
흐르는 바람 위에 투명한 햇살 닮은 딸의
웃음소리가 그립다

소은이 유치원 때

산다는 거야

삶이 허무하다고
종종걸음을 치듯
발버둥을 쳐본들
목마른 혀끝 하나 축일 수 없다는 게
산다는 거야

별처럼 빛나서
지나간 뒷모습의 과거를 잊지 못한다 한들
아뿔싸! 또다시 되돌이킬 수 없다는 게
산다는 거야

거울을 보면서
희끗한 머리새를 만지며
내면의 타오르는 욕망을 내려놓지 못한 채
현실의 시뻘건 불구덩이로 몸통을 내던져 놓고야마는
그렇게 반은 정신줄을 놓은 채
껄껄껄 반미치광이처럼
고집스럽게 살아가는 게
산다는 거야

어릴 적 파릇파릇 꿈을 꾸던

하늘 높았던 꿈은
어른이 시작되면서 이미 사그라들기 시작하고
양면의 동전 뒤집는 것마저도
내 멋대로 잘 되지 않아
먹장구름만 가득 덮여진 하늘을 올려다보며
한줄기 소낙비만 애타게 기다리는 게
산다는 거야

산다는 것은
다 그런 거야

그 어느 生

시나브로
시간은 흐르고
세월도 흐르고
차마 붙잡을 수 없는 生
어차피 돌아갈 수 없어 애만 끓는 生

내 고단한 몸을
질척한 땅에 기대고 눕는 날이면
나의 육신은 곰팡내 푹푹 내며 썩어져 가고
나의 발가락부터 차례차례
눅진한 벌레들에게 뜯기우겠지
나의 허벅지는 일몰의 까마귀 떼가
허기진 목마름으로 핥고 지나갈 거야
그리움으로 신음하던 나의 심장은
하룻동안은 빛깔 좋게 떨고 있을까

그 날이 오면
투명한 태양이 찬란하게 쏟아져 내리겠지
나는 이승이 아쉬어 뒤돌아보지 않고
불투명한 어둠 한 조각 입에 물고
중독된 그리움도 날려보낼 거야

망각의 푸른 바람이나 되어
천지 가득 훨훨 날아다닐 거야
아니다 아니다 아니다
제 목숨을 다하고 떨어지는 별동별 따라서
차가운 돌덩이가 될 거야

얘들아,
행복은 마음에 있는 것이니라

행복은 마음에 있는 것이더라

사람의 눈은 세상을 보지만
영혼에 있는 눈은
나를 바라다본다
담을 줄 알기에
하얗게 비울 줄 알아야 하며
비우는 것을 보여야
그렇지 못한 이들의 눈을 본다

자신을 돌아볼 줄 알며
세상의 미움도 벗어놓고
가족과 이웃을 사랑하며
인생의 빛과 어둠을 지나
고통의 이랑을 덮고
내가 이 땅을 떠나가는 날
물처럼
바람처럼
허허 웃다가
그렇게 둥글게 살아가다가

얘들아
행복은 마음에 있는 것이더라

박하사탕

나비 따라 춤을 추듯이 할머니의 모습이 그러했다.
쭈글쭈글한 할머니의 얼굴에는 늘 그렇게
깊은 골의 주름이 자리했지만
적어도 나를 만나 미소를 짓는 할머니의 모습은
나풀나풀 하늘을 나는 어린 나비 같았다.
철원의 방주마을에서 내가 만난 할머니는
늘 그렇게 나비 같았다.
구부정한 허리로 요즈음 젊은 것들의 행태와
세상의 변화무쌍에 혀를 끌끌 차시는 할머니를 만날 때마다
나는 할머니의 차가운 손을 덥석 잡아드리곤 했다.
어느 날
나무껍질처럼 거친 할머니의 두 손이 나를 꽉 잡으셨다.
나의 손에는 꼬질꼬질한 박하사탕 하나가 놓여 있었다.
나는 그저 쥐꼬리만한 몇 푼어치 쥐어드렸을 뿐인데
할머니는 할머니가 갖고 있는 삶의 애착까지 담아
껍질이 다 헤진 박하사탕을
나의 손에 꼭 다물어 주셨다.

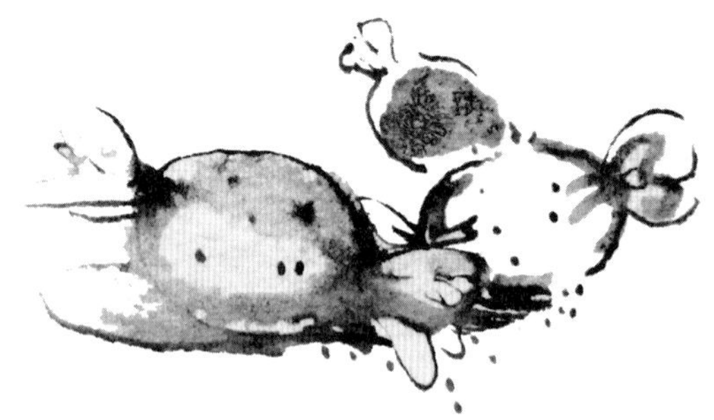

삶

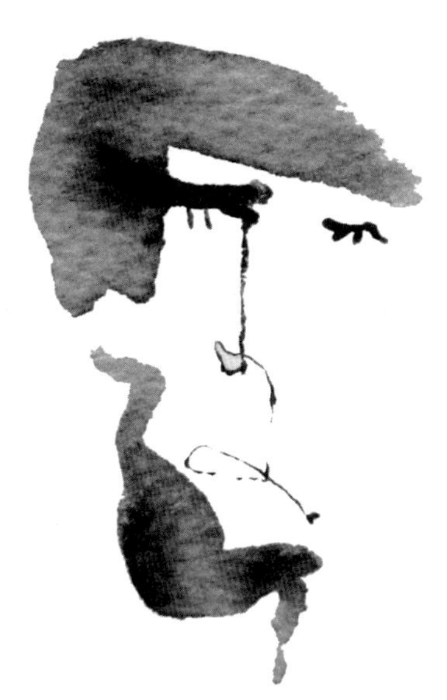

죽지 못해
살아간다는 것이 무엇인지
당신들은 알고 있습니까

죽을 힘을 다해
살아간다는 것이 무엇인지
당신들은 알고 있습니까

떨리는 손으로
삶의 티끌까지
모아 모아

하루를
또 하루를
적적하게 살아간다는 게 무엇인지
당신들은 아십니까

스멀스멀 기어나오는 기억들까지도
입술 타들어 가듯이 말라가는 하루를
세월 감듯이 살아가야 한다는 것을
당신들은 아십니까

내가 죽는다면

내가 죽는다면
누가 와서 울까
누가 와서 웃을까
누가 와서 오래된 풍금 소리마냥
슬픈 시 한 수 읊어줄까

아니다
뭉크의 그림처럼
바짝 마른 두 팔을 머리에 감싸고
그냥 쓸쓸한 휘파람 소리 내며
홀로이 떠나가면 그뿐인 걸
홀로이 떠나가면 그뿐인 걸

나 죽은 후에
그 어느 누가 와서
세상에서 가장 슬픈 어조로 노래한다 한들
그 모든 것이 다 무슨 소용 있으리요
그 모든 것이 다 무슨 소용 있으리요

어둡고 눅눅한 나의 여린 손끝이
내가 살아온 허기를 하나씩 지우며
손가락 사이로 찬바람만이 휑하니 지나간다

수술을 하다

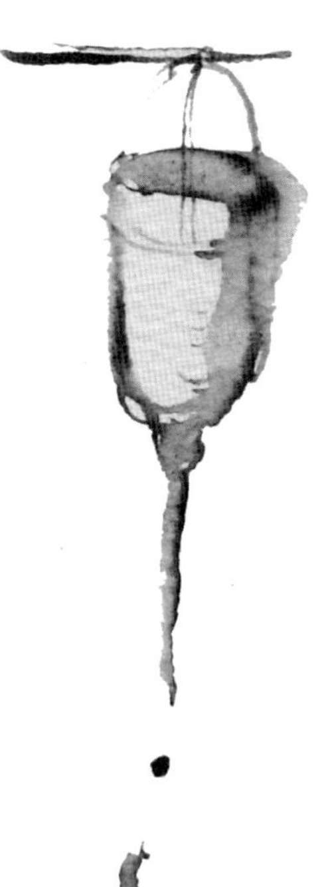

아직은
한창일 내 나이에
또다시 수술대에 올라야 한다
방울방울 떨어지는
링거의 떨림이 어이없다

내 생의 마지막이 이러한 모습이라면
썩은 동앗줄에게라도
간절히 매달리고 싶은 것일까

오십 년이라는 세월을 살아온
중년의 얼룩진 기억들이
목구멍 사이로 기어올라
가슴이 뭉클하다

외로움으로 굳어진
하얀 샹그리에의 석고상을 본다

그가
내 모습을 닮아 있다
눈물이 왈칵 쏟아진다

침묵

침묵을 지킨다는 것은
때로는
용기 없는 행동이라고
당신은 나에게 말을 합니다

그러나
여느 때처럼
나는 침묵을 하려 합니다

자꾸만
쓰러지는 저 세월 앞에서
자꾸만
허기지는 가슴을 쓸어낼 수가 없어서
자꾸만
무거워지는 어깨의 짐이 힘에 겨워서

더 이상
해야 할 말들이 없기에

그냥
그냥 이렇게
침묵으로 대꾸합니다

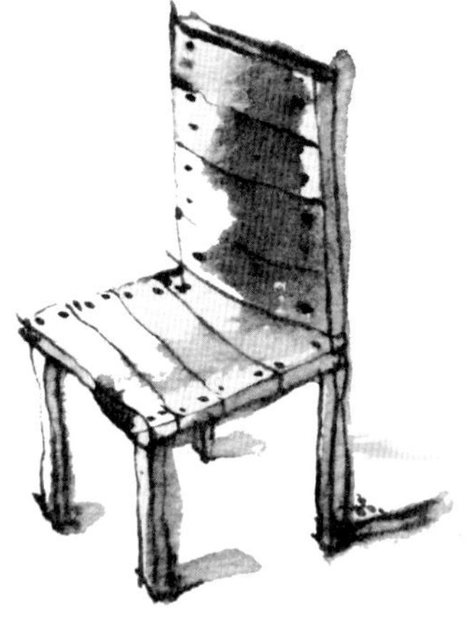

두려움

두렵다
내가 두려워하는 것은 무엇일까
세상에 등을 지고 살기로
단단히 맘먹은 질긴 내 마음이 두렵다

사람들 틈으로 비집고 들어오는
나의 숨소리가 사정없이 거칠어 올 때마다
아무 것도 모르는
한 마리 외로운 새가 되는 것이
두렵다

먹먹한 어둠 속에서
한줄기 새어나오는
전등 불빛의 냉정한 침묵이
하도 외로워
몸서리가 쳐지도록
두렵다

두렵다
물씬물씬 풍기는
세상사의 시뻘건 기억들과
세상사에 적잖이 익숙하지 못하는
나의 시선이 두렵다

선 택

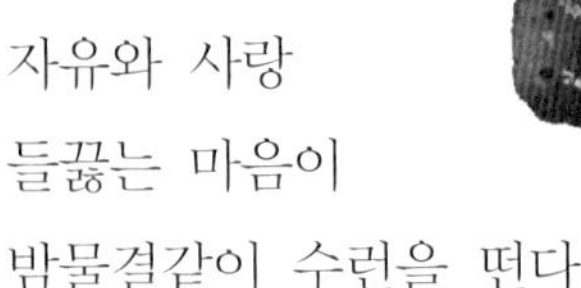

자유와 사랑
들끓는 마음이
밤물결같이 수런을 떤다

자유도 선택이고
사랑도 선택이다

자유는 그윽한 삶의 향기이다
사랑은 덩실덩실 신명나는 구속이다

사랑을 취하면 자유를 잃어야 하는 것
어찌 자유하며 사랑을 가질 수 있으리요

사랑은 순식간에 유감없이 나를 잃어야 하며
자유는 한가한 봄날의 적막을 깨고 하늘을 나는 새다

사랑은 강물 위에 나란히 잡은 손목이며
자유는 내 생의 한나절을 꿈꾸는 팔베개다

바람이 솔밭 잔가지를 흔든다
나의 선택을 살짝 내려놓고 왔다

혼자 걷는다

죽음과 삶을 나란히 쥐고
혼자 걷는다

한 손엔 죽음을
다른 한 손엔 삶을
같은 무게를 달고
혼자 걷는다

세월의 풍상에 걸어온
소나무 틈 사이
굴곡진 길에서

땅을 울리는 기도를 하며
나는
혼자
걷는다

거짓말

오늘밤을
푹 자고나면
세상은 달라져 있을 거라는
생각을 하면서
나는 잡념의 잠을 잔다

아침이면
또다시
같은 일상의 반복으로
어제와 같은 삶을
똑같이 살지라도

나는
매일매일

거짓말 같은 일상에
번번이 속으면서도

오늘밤을
푹 자고나면
세상은 달라져 있을 거라는
막연한 거짓말 같은 믿음을 가지고
어제와 같이
또다시
나는 환영처럼 잠을 잔다

이정표

겨울이 다 지나기도 전에
성급한 봄비가 내린다

떠돌아 한기를 느끼는 겨울바람이
고독한 불면으로 밤을 지새우며
여린 자작나무 끝에 자리한 채
계절의 바뀜에서 서성이고 있다

삼월의 봄비가 내리는데
아직도 겨울을 보내지 못 하는
얼음을 가슴에 안고 사는 듯한
시려운 삶을 나는 살아가고 있으니
내 안의 이정표를 잃고
한치 앞도 볼 수 없는
살점 에이는 칼날 같은 바람에
아무런 대꾸도 할 수 없이
속울음만 탄다

오늘도
고고한 척
또 하루를 살아가야 하니
존재의 의미도 없이
이정표를 잃고
그저 봄비만 촉촉 내린다

거울을 보다

거울에 비친 나의 모습에
아!
까맣게 잊고 살았다
쭈글쭈글 제멋대로 골이 파인 인생의 줄이
자기중심적인 심술보가 되어 있다는 것을

거울에 비친 나의 모습에
아!
깡그리 잊은 척 외면하고 살았다
반짝반짝 빛나던 맑은 두 눈이
이제는 세상사에 탁해진
향기마저도 하나도 흐르지 않는
썩은 눈깔과 같다는 것을

겨울바람에 흔들리는
발가벗은 겨울나무의 끝자락이
나의 구역질나는 모습보다
차라리 낫다는 생각이
자꾸 드는 것은, 아마도
거울에 비친 거무티티한 내 모습이
사유의 깊이가 각혈하며
죽어가고 있다는 것이다

무소유

나 자신이 나를 죽이고 싶을 때가 있었다
내 살갗에 점점이 박힌 검은 솜털 하나까지도
나의 고단한 외로움이
골똘히 자라고 있다는 것을 알았을 때
겨울바람에 흔들리는
발가벗은 겨울나무에서
사유의 깊이가 각혈하며
죽어가고 있다는 것을 알았을 때
아마도 깨어나지 못하는
나의 무덤 같은 마음과 같았으리라
죽음의 그 언저리에서
내 온몸이 몸서리치고 있다
어느새 어둠이 무소유를 달고 왔다

어떻게 살 것인가

누가 물었다. 어떻게 살고 있냐 하고 말이다. 대답은 너무도 뻔한 답이란 것도 알면서 우리는 그저 흔한 질문과 건성으로 흐르는 답을 하며 산다.

그렇다. 어떻게 살고 있는 것인가? 어떻게 살 것인가?

하루 세끼의 당연한 식사와 살짝 곁들이는 커피나 녹차의 마음 녹임과 그리고도 늘 어제와 같은 일상으로의 삶의 연속일 뿐이다. 문득 생각하니 지나온 날들이 순간의 꿈인 것만 같다. 눈 한번 깜짝 감았다 뜬 것만 같은데 벌써 오십 년이라는 세월이 단단한 벽 틈새를 비집고 들어와 있다. 그동안 나는 어떻게 살아온 것인가? 모래알만큼이나 많은 세상의 고뇌를 달고, 하늘과 땅 사이의 허공에서 발버둥치며 살아온 세월이 아니었든가!

무엇을 위해서, 누구를 위해서 마라톤을 하듯 쉼 없이 달려왔던가? 학벌이라는 허울 좋은 그림을 위해, 천만년 쌓아 두지도 못하는 재물을 위해, 생사의 자존심을 위한 집착과 그 잘난 명예를 위해, 이제 돌이켜 생각을 하니 부귀도 영웅호걸도 모두 다 황천의 나그네 신세일 뿐이지 않던가?

지금으로부터 6년 전쯤에 나는 세상의 이기가 싫어서 서울 생활을 정리하고 철원으로 칩거 아닌 칩거에 들어갔다. 나는 그 마을을 방주마을이라 이름을 붙였다. 깊은 산골짜기에 청청한 하늘과 유유한 구름이 떠도는 마을이 맘에 들어 그곳에다 나의 짐을 내려놓기 시작하고 만 6년을 살았다.

낮에는 산에 올라 처음 만나는 산나물과 눈인사를 하고, 숲속 새들의 수다에 나의 귀가 익숙해져 갔다.
봄이면 야생화 꽃들이며 풀꽃들이 주야로 곳곳에 향기를 뿌려 자기를 알리며 뽐을 내었고, 겨울이면 기품 있는 소나무에 하얀 눈이 탐스렇게 쌓여 올연하게 버티고 있었으니 어디 적막강산 아래 이보다 더한 친구가 더 있었을까?
낮의 해와 밤의 휘영청 고고하게 떠오르는 달과 마음을 통하고 나니 세상의 번뇌도 씻어지고 어두운 길에서 불빛을 만난 듯한 기분이 들어 그지없이 좋았다.
그 곳에 살면서 나는 세상의 집착과 욕심을 내려놓는 법을 조금씩 배울 수 있었다. 세상사에 속해 있는 나의 몸뚱이는 그야말로 허황한 빈 껍데기였던 것이다.
비로소 남보다 조금 일찍 삶의 굴레에서 떨어져 나와 마음 길들이는 연습을 할 수 있어 다행이라는 생각이 들었다.
그러다 몇 달 전, 춘천으로 내 삶의 자리를 구했다. 깊숙한 자연의 품안에서 잠깐의 외도를 하고 싶어졌기 때문이다. 도시와의 적절한 연결끈이 필요하다는 생각이 들었다. 그래서 자연과 잘 어우러진 아름다운 작은 도시, 무엇보다 부질없는 속세를 떠나버리듯 유유히 흐르는 강물이 내 길을 잡았다.
이제 나는 다시 한 번 생각해 본다.
어떻게 살 것인가?
바라건대, 이제는 욕심과 세상사 집착에서 벗어난 지혜를 찾는 삶이고자 한다. 세상 것의 모든 것은 풀잎의 이슬이요, 바람 속의 등불이라 했거늘 어찌 그것들을 위한 처절한 몸부림을 향해 또다시 돌아갈 수 있으리요.

지혜를 얻어 그 안에서 빛을 얻으면 그것을 해탈이라 한다했던가! 비록 해탈의 경지는 아닐지언정 참으로 벗어날 것에서 벗어나는 용기와 마음씀을 가지며 살아가야 하리라.
정열적으로 활활 타오르는 불꽃이 아니고, 눈부신 햇살 받고 화들짝 피어오른 꽃들의 찬란함이 아니고 싶다.
겨우내 강렬한 추위와 폭설의 매서운 한기가 매화 나뭇가지를 단련시킨 후에야 고혹한 향기를 품은 매화 꽃망울을 화려하지 않게 열게 하듯이 나의 삶 또한 고된 인생의 반백년을 접고 이제 한 줌 흙이 될 때까지 어떻게 살 것인가를 다시 한 번 생각해 본다. 그래서 나는 웃는다.

4. 내 삶의 모든 순간마다

내 삶의 모든 순간마다
당신께서 내 삶을 온통 책임져 주시길

메마른 대지 위에 단비가 되시고
불면의 밤을 위해 단잠을 내리시는

그리하여
당신은 내 삶의 모든 것입니다

분서(焚書)

철원에서 내가 걸어온 삶을 정리할 때마다
내 안의 영혼이 헛헛할 때마다
걸음마 같은 시를 썼다

어느 날, 그것마저 덧없다 생각이 드는 날에
몇 년 동안 모은 글을 모두 태웠다

내가 사는 것조차
내가 생각하는 것조차
천덕꾸러기처럼 느껴져 올 때면

어둠이 옷을 벗기 시작하고
새벽별이 눈에 들어올라치면

길바닥에 나뒹구는 아이처럼
외로움을 담은 울음을 울다가
늦은 잠이 들었다

다시는 시를 쓰지 않으리라는 생의 언저리가
나에게도 있었다

아마도
나의 뼈와 살과 영혼까지도
몽땅 태우고 싶던 아프던 기억이다

그렇게 시를 버리고
몇 년의 세월을 버린 줄 알았는데
내 마음 구석진 곳에는
엉겨서 꼭꼭 싸매어진 시가
다시 일렁이고 있다

그리운 바람 타고

시간을 거스르다가
세월을 거역하다가
발길을 멈추고
보물 같은 산장을 만났다

자태가 곱고
초록으로 몸을 비비는
아름다운 산장에 오니
사랑하는 나의 가족들과 함께
시간을 보냈던 행복한 기억이 떠올라
한참
눈을 감았다

세월의 문에 갇혀 살아온
시간들이 아쉽다

쓸쓸한 바람이
지난 세월을 불러왔다

그립다
모두 그립다

그리움이 바람 타고 왔으니
모든 것이 그립다

나의 가족이 그립다
나의 가족이 그립다

– 철원, 방주마을에서

내 삶의 모든 순간마다

내 삶의 모든 순간마다
오직 당신만을 의지하길 바라오니

광야 같은 나의 삶에서
무거운 짐을 몽땅 내려놓고

나 이제 당신의 품속에서
편히 쉬고 싶으니

내 삶의 모든 순간마다
당신께서 내 중심에 계시길

내 삶의 모든 순간마다
당신께서 내 인생의 주인이 되시길

내 삶의 모든 순간마다
당신께서 내 삶을 온통 책임져 주시길

메마른 대지 위에 단비가 되시고
불면의 밤을 위해 단잠을 내리시는

그리하여
당신은 내 삶의 모든 것입니다

봄, 너로 인하여

겨울의 찬바람을 모아둔 겨울나무는
때를 만나 빛을 보는 날을 기다리다
봄햇살의 연둣빛 물을 끌어 올린다

겨울나무는 찬바람을 이겨내는 힘을 쏟아내고
시퍼렇게 떨고 있는 어깻죽지에 기대어
꽃순 같은 봄날을 기다리고 있다

겨울나무의 허기진 잔등에
따사로운 향기 피어오른 꽃잎이여

추운 고독과 시려운 먼길을 돌아 온 겨울나무는
오롯이 그대
너로 인하여
긴밤의 고독과 무덤 같은 슬픔도 지나갔어라
다아 지나갔어라
너로 인하여
너무도 고마운 일이어라
너로 인하여
다아 지나갔어라
다아 지나갔어라

詩를 쓰는 이유

열병처럼 심장이 뜨거워져 많이 아팠습니다.
그래서 시를 쓰기 시작했습니다.
캐나다에 살고 있는 가족이 그리워질 때마다
가슴 짓이기는 고뇌를 달고 시를 썼습니다
때론, 시를 쓴다는 것이
부질없는 시늉을 하는 것 같아서
몇 번씩이나 망설였습니다.
이제 내 안의 껍질을 깨고 허물을 벗기 시작했습니다.
사뭇 아름다움이 보이기 시작하는 것 같습니다.
겹겹 쌓인 눈물과 눅눅한 나의 우울이
눈웃음의 날개를 달고 허공을 나는 꿈을 꿉니다.
혹독히도 추웠던 지난 겨울도
나의 추억의 갈피에다 채워 놓은 채
새로운 봄빛에 맑아진 가슴으로
가슴 언저리 뒤엉킨 그리움을

결 고운 시로 한 올 한 올 풀어놓겠습니다.
오늘도 나는 시를 씁니다.
항상 나를 최고로만 생각하시는 어머니
생각할 때마다, 어린 날의 기억으로
늘 가슴 애잔한 나의 여동생
생각할수록 자꾸만 가슴이 울렁이는
사랑하는 나의 가족을 위해 시를 씁니다.
그리고 너무도 성급히 세상과 이별을 하신
나의 아버님을 위해 시를 쓰겠습니다.

이별이 詩를 낳다

긴 밤의 괴로움이 시를 낳았다
긴 밤의 외로움이 시를 낳았다
긴 밤의 서러움이 시를 낳았다
긴 밤의 그리움이 시를 낳았다

별이 흐르는
긴 밤의 이별이
詩를 낳았다

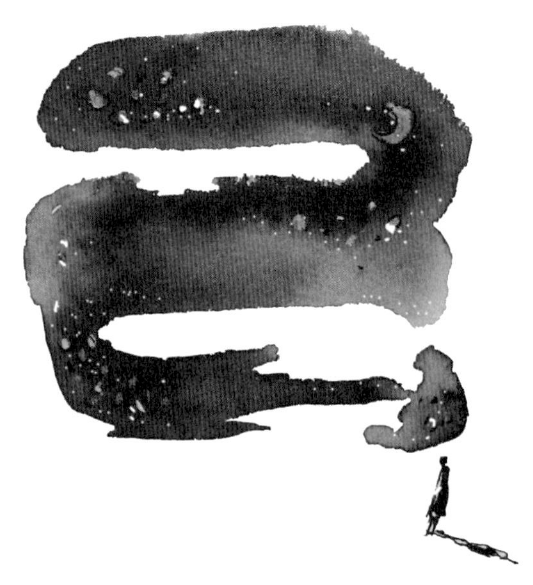

山房에서

가을향이 코를 유혹한다
한들한들
가을 코스모스가
외로운 몸부림을 한다

가을바람이
나를 흔든다

하나씩 하나씩
바람의 줄기에
티끌만한 먼지까지
내리고 싶다

가을 코스모스가
외로운 몸부림을 하며
아름다운 자연의 몸짓을 한다

나도 따라
발가벗은 자연의 몸짓을 배운다

사과한다는 것

사람이 살다보면
사랑하는 사람을 만나게 되나니
사랑하는 사람이
친구가 되고
애인이 되고
아내가 되고
자식이 되고
가족이 되고
자주 만나 익숙해질수록
사람 관계의 올과 올의 실타래는
때론, 더 무성하게 엉킬 수도 있으며
가슴의 망가진 상처로 알 수 없는 눈물도 흐르고
까칠한 입김으로 보이지 않는 돌도 던지고
그리하여 먹구름의 세상에서 가슴을 닫고
어둔 밤의 긴 터널을 걸어가게 하지 않던가
하지만 목마른 고통의 줄기에
함께 피워내는 따사로움이 있으니
사랑하는 사람에게 가슴 찡한 것은
혹독한 추위에 몸살을 녹일 수 있는 것은
나의 오만과 허울을 벗어놓고
넉넉한 사람냄새나는 알몸으로

그래도 나의 잘못을 진심으로 사과하는
사랑하는 사람의 가슴에 새겨지는
고운 사과를 하는 말 한마디가
한 모금의 산뜻한 청량제쯤 되지 않을까

아이들에게
–천년을 빚어 만든 인형

아이들아
올해는 유난히도 봄이 더디게 온다
아마도
냉혹하고 차가운 겨울바람의 시련을
잘 견디어 내라는 뜻인가 보다
아이들아,
사랑하는 내 아이들아
떨리는 두 손으로
너의 심장을 만져본다
하나님께서
천년을 빚어서 만들어 준 인형이
바로 너희가 아닐까 싶다
슬픈 일이 있을 때 같이하면
반으로 줄어들고
기쁜 일이 있을 때 같이하면
그 기쁨이 두 배로 는다는데
아이들아
내가 정말 좋은 일이 있을 때
나의 심장과 같은 느낌으로 좋아할 수 있는 거니
이제 흰머리 숭숭한 힘없는 아빠가 되어
야수의 빨간 이빨을 드러내는 인간 세상이 무서워

알몸 내뒹굴며 무서워 떨고 있을 때
너의 따뜻한 눈빛에 아빠의 지친 몸을
담궈도 되는 거니
하나님께서
천년을 빚어 만든 인형
내 아이들아
사랑하는 내 아이들아
그래도
그래도
정말
정말 괜찮은 거니

겨울나무는 찬바람을 이겨내는 힘을 쏟아내고
시퍼렇게 떨고 있는 어깻죽지에 기대어
꽃순 같은 봄날을 기다리고 있다

어둠에 그림을 그리다

까만 밤
혼자이다
이 밤이 나를 훌쩍 삼키려 든다
아무리 허우적대도 깜깜한 어둠 뿐

별 하나 없이 외로움이 깊은 밤
창밖 도시의 불빛에 반사되어
검게 드리워진 나의 초라한 모습을 벗기며

세상에 흐려진 나의 두 눈을
깜박거려 보지만
나의 허상에 다시금
나를 가두고 만다

탐욕의 밤이 강물 위로 흐르고
사랑이라는 순수의 별빛으로
깊은 밤하늘에 유성처럼 뿌려본다

어느새
새벽을 부르는 바람소리에
속절없이 허공을 서성이는
나의 모습을 그려본다

방주마을에 밤이 깊다

깜깜한 어둠이다
별들의 빛이 예리하다

두렵다
적막하다
숨고 싶다

개가 짖는다

잠을 잔다는 건
살아 있는 죽음이다

내가 죽어 있는 모습을
아무도 모른다

가장 고독한
나의 모습을
가장 외로운
나의 모습을

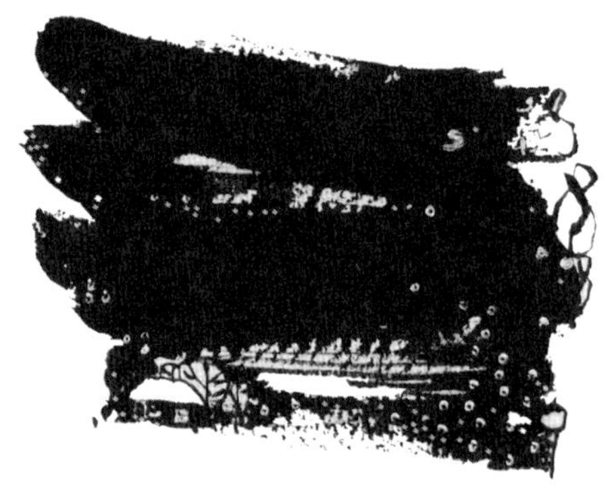

그립다 말을 한들

–아버지께

영영 돌아오지 않을
그냥 그렇게
속절없이 떠나가신 당신
당신이 그리울 때마다
내 가슴에 묵묵히
채찍으로 다가오시는 당신

내 눈가에 흐르는
젖은 눈물 고개 사이로
아직도 그리움이 흥건한데
오월의 수선화가
당신의 무덤가에서
반쯤은 바람에 찢긴 채
고단한 생을 떠받치고 있는 오늘

하늘과 땅 사이에서
사유의 흐름에 몸을 맡기고
내 눈은 눈물로 가득한데
이제 나의 머리가 반백이 되고 보니
당신과 나의 얽킨 실타래를 손질하며
당신의 뿌리 깊은 향기가 무척이나 그립습니다

아버지

그때의 그 시절엔
당신의 그 자리가 왜 그리도 크셨던가요

세상에 눈을 뜨지 못했던 어린 시절
구릿빛 웃음으로 도란도란 마주앉던 날에
하나의 방법을 가르치시곤
열을 알아내기를 원하셨던
당신의 모습이 왜 그리도 원망스럽던지요

잊혀지지 않을 것만 같던
숙명이라 생각하며 살아온 날들과
당신을 이해할 수 없었던 지난 세월
당신께선 나의 가슴에
커다란 바위를 묻어 주었다 생각했습니다

수많은 사연들도 이젠 세월에 묻혀가고
하얀 베갯잇만 눈물로 적셔집니다

그리도 원망스럽던 당신이
나의 기억 속에서
파르스름하게 녹이 슬어 잊혀져 가는데
물끄러미
나를 바라다보시던 당신의 모습이 생각납니다

왼쪽 분이 필자의 부친

그때는
아직은 세상에 눈을 뜨지 못한 나의 어린 눈이
어찌 당신의 눈망울을 헤아릴 수 있었겠습니까

하지만 그것은
제 스스로 고뇌의 딱딱한 껍질을 깨고
세상에 그만큼의 고개를 내밀게 하는
원동력이 되어 주셨습니다

아버지!
다시금 당신을 진정 따스하게 불러보겠습니다
오십 줄이 넘어선 지금에서야
내 가슴의 아픔을 다시 그리움으로 피우겠습니다
그리고
세월로 감긴 가을산을 넘어야 하겠습니다

웃고 있는 사진을 보면 슬프다

사진을 보다가
웃고 있는 사진을 보다가
돌아올 수 없는
그 날의 기억이 서글퍼
눈물이 난다

사진 속의 아버지는
활짝 웃고 있는데
사진을 보고 있는 나는
눈물이 난다

사진 속에서
웃고 있는 아버지가
돌아올 수 없어서
사진을 보고 있는 나는
눈물이 난다

아버지가
웃고 있는 사진을 보면
눈물이 난다

딸의 전화

국제전화의 벨소리가
꽃잎 화들짝 열리듯이 유난을 떤다
딸아이의 목소리다
한 토막의 필름처럼
싸매어둔 기억들이 스친다
눈물이 왈칵 쏟아질 것만 같다

어느덧
이십여 년의 세월로
훌쩍 자라준 나의 딸에게서
전화가 올 때마다
아빠의 가슴은 왜 이렇게
쿵쾅쿵쾅 쿵쾅쿵쾅
방망이질을 쳐대는 건가

아빠의 감정을
지나는 바람소리에 살짝 감추고
애써 태연한 척 두툼한 목소리를 낸다

보고 싶다
목이 메인다

자화상

불어오는 바람이 아직은 차갑다
사람과 사람 틈 사이에
성급한 봄햇살이 비집고 자리했다

강둑길 가운데를 나란히 걸어가는
사람과 사람 틈 사이로
푸른 강물이 하늘을 끌어안고 춤을 춘다

외로운 사람의 시린 어깨가
고독한 사람의 떨리는 가슴에 닿아
겨울에서 봄으로 오는 길목이 부산하다

검은 웃음 흐르는 강물 위로
날개짓을 하는 물오리는
야윈 모가지로 가쁜 숨을 몰아쉬며
무슨 생각을 하는 건가

세상과 맞닿아 절망에 찌든 채
자맥질하는 물오리는
아무 것도 듣지 못 하는 귀머거리처럼
무슨 생각을 그리도 골똘히 하는 건가

사랑은

강둑길로 운동하다가
노랗게 피어 있는 나리꽃을 보았다
한껏 예쁘게 피어오른 나리꽃은
이제 막 입을 벌리는 나리꽃에게
너도 어서 피어오르라고 목메이게 말한다
나만이 아니라 너도 같이 살아내자고 말한다

돌멩이들과 잡초더미 사이에서
비의 축축함 속에서
바람의 흔들림 속에서
기쁨과 슬픔을 잉태한 이네들의 모습이
더없는 사랑이다

사랑은 함께 오래도록 머무르는 것이다
사랑은 함께 열렬하게 타오르다가
사랑은 사그라드는 그 날도 함께 하는 것이다
사랑은 자연의 미소이다

상처

오래된 상처가 처연하게 아프다 소리쳤다
세월 지나니 뼛속까지 곪아 살점을 뚫고 나온다
누런색의 왕고름이 먼 길 돌아온 양 지쳐 있다
가슴이 이글댄다 목이 메인다
아프다

마라톤

인생은 마라톤과 같다고 했던가?

그렇다. 마라톤은 가장 힘든 운동이다. 하지만 할수록 희열을 느끼는 운동이다. 그래서 마라톤은 세상 사는 지혜로움이며 꿈이며 철학이다.

내가 무엇인가 하고자 하는 삶의 의욕이 없다면 마라톤은 시작조차 할 수 없는 것이다. 또한 꿈은 먼 미래를 향한 목표이기 때문에 마라톤에 비유할 수 있겠다. 꿈은 단순히 이루어지는 것만은 아니기 때문이다. 쉽게 세운 꿈과 쉽게 이뤄진 꿈은 쉽게 망가질 수 있는 법이려니 꿈이 이루어지기 위해서는 오랜 시간 동안 애타게 기다리고 그 꿈을 위해 매진하는 고통도 따라야 하나니 어디 마라톤과 같지 않을 수 있을까 말이다.

한때는 나에게도 인생의 무력함이 찾아온 때가 있었다. 살아갈 이유도 모른 채 그냥 열심히 일에 매달려 다람쥐 쳇바퀴 돌듯 그렇게 살다보니 점점 나의 몸과 의식이 피폐해져 가는 것 같았다.

캐나다에 두고 온 나의 가족이 그리워져 올 때면, 숨소리조차 크게 내쉬지 못하고 가슴을 쥐어짰다. 거리를 나뒹구는 낙엽만 보아도 울컥 몰려오는 쓸쓸함 때문에 차라리 나의 모든 감각이 멈추어지길 바라던 때도 있었다. 천지의 기쁨으로 나를 안아주었던 나의 가족, 아내와 두 딸 그리고 내 아들의 초롱한 눈망울들이 유난하게 떠오르는 날, 나는 엎디어 울었다.

길가에 앉아 무심코 지나는 이웃 가족의 가벼운 나들이를 보는 순

간에도 나는 아득히 먼 뒤안길에 남겨두고 온 나의 가족에게 미안해서 길가에 피어난 풀꽃만도 못한 것 같아 내 마음을 헤적이며, 그리움의 끝은 어디인가를 생각했다.

그래서 나는 마라톤을 시작했다. 나의 가족은 나의 꿈이요, 희망이기 때문이다.

물론, 마라톤이 나에게는 결코 만만한 것은 아니었다. 어릴 때 부상된 허리의 통증은 차마 죽고 싶을 만큼의 고통일 때도 있었다. 하지만 나는 마라톤을 포기하지 않았다. 한 발짝 한 발짝 발걸음을 옮겨가면서 나는 쓸데없는 잡념과 똘똘 뭉친 그리움을 허공으로 뿌렸다.

쉼 없이 흘러버린 세월, 마라톤을 하다보면 지난날 나의 어린 기억들도 함께 떠오른다. 가슴 아린 기억들이 두터운 나의 가슴을 뚫고 땀으로 범벅이 된다. 지금은 고인이 되신 나의 아버지에 대한 기억이 건조한 핏줄을 타고 나의 심장을 두들긴다. 그때 나는 왜 그렇게 아버지를 미워했는지 모른다. 아들을 향한 당신의 가슴은 오죽이나 찢기는 가슴이었을까? 이제 기꺼이 아버지와 화해하고 싶은 마음이 생겼는데 그때의 아버지는 세상에 계시질 않으니 밤하늘의 어느 별 하나쯤에서 나의 마음을 듣고 계실지 아쉽기만 하다.

그 틈에서 나를 지켜주신 나의 어머니를 생각해 보면, 그 또한 얼마나 가슴 애련한 일들이었던가! 지금도 어머니를 만날 때마다 그 품에 넉넉히 안기고 싶은 나의 어머니는 맨살로 흐르는 강가에 아름다운 저녁노을처럼 늘 편안함을 주신다.

모진 세월 속에서 나와 내 여동생을 위해 희생만을 담아 오신 어머니의 그릇에는 숯검정의 재만 남아 있을 것이다.

행여나 옷자락 흔드는 작은 바람소리만 불어와도 나의 안부를 물어 오시는 어머니의 전화 음성은 작고 고우신 바람꽃 같다.

지금은 내 대신 여동생과 함께 살림을 꾸려나가시는 어머니를 생각하면서 달리다 보면, 나의 온몸을 통하여 흐르는 땀이 소금기에 하얗다.

그 어린 시절, 배고파 힘든 시절에 나의 여동생과 함께 한 추억들은 또 어떠했던가! 하나밖에 없는 나의 여동생은 나에게 해맑은 사랑이었다. 기쁜 일과 슬픈 일을 씨줄과 날줄을 엮어 가듯이 세월을 함께해 온 나의 여동생이다. 때로는 오빠라는 이름으로 여동생을 혼내기도 하고 때로는 사소한 의견 차이로 논쟁도 했지만 우리는 그렇게 돈독한 오누이였다.

마라톤은 끈질긴 고독과의 싸움이다. 난 고독을 물고 거친 숨을 몰아쉬며 굴곡진 보도를 달렸다. 마라톤을 해본 사람은 내가 구구절절 말하지 않아도 알 것이다. 마라톤을 할 때마다 나는 꼭 기록을 깨기 위해 달리지는 않는다. 앞서거니 뒤서거니 아무려면 어떠

하리…….
나는 나 자신과의 싸움으로 나를 이기기 위하여 뛰는 것이다.
마라톤의 첫 발자국을 떼면서 나의 흘러가는 인생이 그러하듯이 나의 역사를 꾸려가듯이 꿈을 향해 달렸다.
처음에는 대단한 각오로 시작하지만 어디 인생이 쉬운 길만 있겠는가! 마라톤도 마찬가지인 것이다. 바람 한 점 없는 날, 아름다운 자연을 끼고 달리다보면 제일 먼저 길가에 늘어선 가로수들이 나를 맞이해 준다.
내 가슴의 무거운 짐들을 하나씩 하나씩 내려놓고 뛰라고 말하는 것 같아서 나는 그렇게 내 안의 고독과 상념을 밟으며 달리기 시작하는 것이다. 마라톤 하프를 지나 35킬로미터를 지난 이쯤에 다다를 때면 나는 제 명을 다하기라도 한 듯한 목숨을 끌고 헉헉댄다. 그냥 철퍼덕 달리던 길에 나뒹굴기라도 하고 싶다.
처음에 나를 반기며 살랑살랑 웃으며 응원하는 것 같았던 노란 꽃들이 나를 따라 현기증을 내며 함께 지쳐 있으며 나에게 이젠 그만 괜찮으니 포기하라고 간절하게 말해 주는 것 같다. 뒤를 힐끔 돌아보니 가끔씩 지나가는 환자 수송차가 등뒤에서 나를 유혹한다. 이쯤에서 포기하고 쭉 뻗은 채로 실려가는 것도 괜찮다는 생각이 자꾸만 나를 괴롭히고, 오만 가지 스치는 혼돈이 나의 뇌를 어지럽게 한다.
그때마다 나는 이를 악물고 우리 아이들을 떠올린다. 내가 견디어야 한다는 생각이 간절하다. 내가 멈추면 나의 아이들의 의지력도 약해지는 것만 같아서 내 허리가 바스라진다 하더라도 포기하면 안 된다. 나의 허벅지에 쥐가 올라 딱딱해진 다리를 붙들고도 나는 이를 물고 또다시 달린다.

아빠가 없는 캐나다에서 얼마나 어려운 공부와 마음의 상처를 견뎌내며 지낼까를 생각하면 나는 도저히 포기할 수 없는 것이다. 나의 가족들에게 부끄럽지 않기 위해서, 나와의 약속을 지키기 위해서 마라톤을 나의 인생이라 생각하면 나는 절대로 포기할 수가 없었던 것이다. 그래서 나는 마라톤 완주를 열 번을 했다. 허리에 무리가 되어서 몇 차례의 수술을 하면서 가져온 나의 메달이 얼마나 감격스럽고 뜻 깊은 것인지 모른다.

그렇게 나의 의지로 가족들을 생각하며 기도하는 간절한 마음으로 달렸기 때문일까? 나의 아이들이 모두 훌륭하게 성장해 주었다. 무엇보다 신실하게 하나님의 자녀들로 봉사하는 마음과 남을 배려하는 마음이 아이들에게 있음을 볼 때 얼마나 감사한지 모르겠다.

이제 내 나이 쉰 해를 훌쩍 넘기고 보니 모든 것들이 아쉽고 애틋하기만 하다. 그렇기 때문에 나는 매일매일 인생의 꿈을 향해 깊은 생각을 하며 운동을 한다.

나만의 목표점을 세워 놓고 달리면서 나의 역사를 위해 하나의 방향으로 열심히 매진하는 것이다. 그 어느 누구인들 내가 지치고 힘들다 해서 대신 뛰어줄 수가 없다. 내가 달리지 못하면 도중에 포기할 수밖에 없는 것이다. 그래서 마라톤은 포기할 수 없는 나의 인생길 그대로인 것이다.

목표점을 향해 깃발을 들고 그 깃발을 꽂기 위해서 감히 어느 한 순간이라도 눈을 돌릴 수가 없다. 그러한 목표점을 두고 나는 많은 생각을 하면서 또 생각을 하면서 오래도록 달린다.

마지막 완주를 한 후, 꿈을 이루고 난 후의 성취감을 진정 그 어디에다 비유할 수나 있을까? 용감한 파도를 이겨내고 바다를 질주하는 항해사와 같을 수 있을까? 아니면 높은 산을 등정하는 산악인의 고된 경지와 같을 수 있을까?

인생은 마음먹기 달려 있는 것이다. 때로는 나의 인생길이 구차해 보일 때도 있으며, 때로는 나의 꿈이 세상과 부딪쳐 절망할 때도 있으며, 때로는 얼마나 적막한 고독과의 끈질긴 싸움을 해야만 하는 것인가? 하지만 나는 복잡한 인생을 정돈된 삶으로 바꾸기 위해 마음을 먹는다. 그리하여 실로 철저한 나의 계획을 하며 나를 열어놓고 만물을 진동시키면서 마라톤을 한다.

마라톤은 나를 다스리는 호흡이다.

마라톤을 하다보면 절대로 오만할 수 없으며 삶에 납작하게 무릎을 꿇듯이 겸손할 수밖에 없다.

아! 이 또한 얼마나 황홀한 자연의 섭리 그대로이겠는가?

주여!!! 감사합니다.

세상에서 가장 낮은 이 사람, 이 못난 사람을 붙들어 주셔서 감사합니다. 우리 온가족이 주님 안에서 봉사하며 아브라함과 같은 돈독한 믿음으로 살아갈 수 있도록 인도해 주시고 한평생 맑은 마음으로 살아갈 수 있도록 도와주소서.

모든 삶에 감사할 줄 아는 사람이 되게 하소서.

아멘!

5. 자연, 그리고 사람

하늘과 땅의 틈 사이로
세월의 그리움이
칭칭 휘감아 도는 마을에
곡식이 알알이 여물어가는 정다운 인심은
굴뚝에서 모락모락 연기로 피어오른다

이웃

이웃이라는 말은
어찌보면
너무도 다정다감한 말일진대
안타깝게도 이웃이라는 말에
고개를 돌리며 외면하는 사람들이 많아지고 있으니
이웃의 삶이 얼마나 팍팍한 건지
사람이 세상에 태어난다는 것은
이미 누군가의 이웃이 되는 것일진대
안타깝게도 이웃이라는 다정한 말에
보이지 않는 쇠사슬이 칭칭 휘감고 있으니
이것이야말로
슬픔으로 지고 오르는
골고다의 언덕 같은 것이니
어찌하여
인생의 길을 고단하게 가려하는지
배곯아도 나눠 먹던
우리 선인들의 따스함은 어디에다 두고
어찌하여
인생의 길을 비판하며 가려하는지
아프오
쓸쓸하오
인생은 그게 아니지 않소

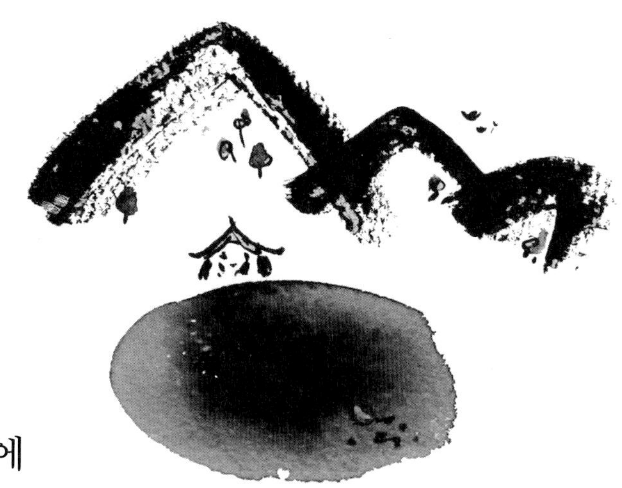

방주마을 아침에

맑은 아침이다
나의 긴 한숨이
신선한 공기를 흐리게 하는 것 같아
숨쉬는 게 미안하다

복계산 정상을 바라다보니
쌓이고 또 쌓인
겹겹 산중의 그림 같은 정경이
인간사 세욕을 잊게 한다

정자에 걸쳐앉아
진한 향기나는 차를 달이니
방주마을 아침이
서럽도록 고웁다

강물 같은 사람이 그립다

바람이 불어
쓸쓸한 바람이 불어
푸른 하늘에 혼돈으로 엉킨 구름이 흩어졌다

구름은
세상과 소통하는 몸짓을 배우고
역행하는 강물을 보듬는 법을 배우고
바람에 떨리는 이파리의 외로움을 배우고
그리하여 침묵하는 것을 배운다

어딘가 숨어 있던 먹장구름이 나타나
한줄기 왕방울 같은 소나기가 강물 위로 쏟아졌다
시커멓게 멍이든 소나기가 강물 위로 쏟아졌다
혼자 가만히 젖어 들어가는 강물이
까닭 없는 눈물을 흘린다

그 구름 속에 내가 들어 있다
강물 같은 사람이 그립다

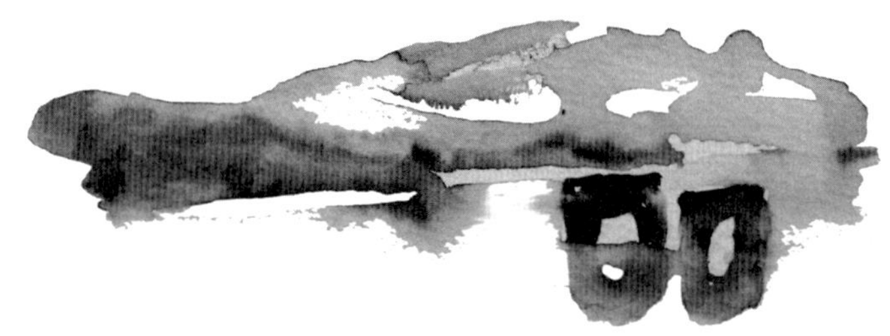

감사함으로

"환란 날에 내가 너를 부르리니"
"환란 날에 내가 너를 부르리니"
예수 안에서 나를 불러주신 하나님
내 생에 최고의 지존이 되시는 하나님
끝없이 작아지는 나의 모습에서
나의 존재 가치를 느끼게 하시는 하나님
나의 내가 될 수 있는 것은
하나님의 은혜임을 고백하나니
끝없이 작아지는 나를 만나실 때
날마다 다시 일어날 수 있는 힘이 생기는 것은
순간순간 하나님의 권세임을 고백하나니
나의 작은 신음에도 귀를 기울이셨던 하나님이여
내 마음밭이 옥토가 될 수 있음이여
나의 알량한 자존심을 버리고
당신의 십자가를 품게 하셨으니
나 이제 하나님의 기뻐하심을 위해 애쓰겠나이다
나 이제 하나님의 뜻대로 살기 위해 애쓰겠나이다
나 이제 하나님의 믿음대로 살기 위해 애쓰겠나이다
환란 날에 당신께서 나를 불러주시니
나를 지으신 당신이 얼마나 감사한 일인지요
얼마나 감사한 일인지요

봄날에

어스렁 다가오는 봄날에
행복의 향기가 온 천지를 뒤흔드는데
나는 왜 바스락 부서지는 마른 낙엽처럼
삶의 몸부림에 떨며 이처럼 살아야 하는가

욕심

평상시 가까운 지인들과 함께 식사를 한다
보글보글 벌겋게 두부전골 끓는 냄새가
계절을 건너가는 길목 같다

심심찮은 이야기를 하며
오랜 친구처럼 죽이 맞아 식사를 한다

여기저기 색종이처럼 펼쳐진 반찬들을
감칠맛 나게 쩝쩝 혀에다 넣고
어느 노시인의 시 한 편까지 질겅거리며
펄럭이는 입은 쉴 새가 없다

몸뚱이는 둔해져 가고
묵직한 배불뚝으로 자세를 고쳐 잡고도
마지막 숟가락을 입에 넣어야 하는지
그대로 내려놓아야 하는지
욕심으로 호강을 부린다

죽으면 간단하게
흙으로 채워 넣어야 하는데
생의 욕심을 부린다

오래된 등대처럼

오랜 세월에 걸쳐
모진 바다에 인생을 걸어온 사람들에게
바닷가 길동무 되어 주는
그대는

태풍이 불어오는 거센 바다에서
가장 겸손한 자세로
늘 그 자리에서 버팀목이 되어 주는
그대는

바다에서 태어나
바다의 늙은이가 된
검게 그을린 노인에게도
오래된 친구처럼
옛일 생각나게 하는
그대는

아첨도 할 줄 모르고
끓어 오르는 욕망도 접어둘 줄 알고
세상만사 일어나는 사건에 덤덤할 줄 아는
타인을 소유하지 않고 그대로 사랑할 줄 아는

고독 속에서 몸부림치지만
고독에서 물러서지 않는
오래된 등대 같은 사람입니다

– 바다에서

나의 詩는 외롭지 않습니다

엄동설한
꽃잎 열게 하는 바람에
몸을 맡기어
애무하는 희열이 마음을 흔들더라

하늘과 땅 사이 스치는
구슬픈 바람 한 점에

눈물의 끝자락에 매달리어
세상사에 몸살 앓는 짐 덩어리
사뿐히 내려놓고

천만년 세월을 안은
초연한 하늘이 있어

하룻밤을 족히 묵어 지낼 수 있다하니
동행하는 인생이 외롭지 않더라

가슴이 두 쪽이 나는
굽이진 세월의 상흔이
어쩌다 있다한들

나의 詩는 외롭지 않습니다

이제
나의 詩는 외롭지 않습니다

자연, 그리고 사람

자연의 소리가
톡톡 귀를 간질이는 하늘 아래
정다운 마을 사이사이로
농부의 땀방울로 흐르는
시골의 맑은 개울에서
잃어버린 삶의 두툼한 모습을 발견했다

하늘과 땅의 틈 사이로
세월의 그리움이
칭칭 휘감아 도는 마을에
곡식이 알알이 여물어 가는 정다운 인심은
굴뚝에서 모락모락 연기로 피어 오른다

고즈넉한 연기에 허무를 털고
인생의 눈빛이 물들기 시작하듯이
오랜만에
소박하고 여유로운 웃음을 보았다

묵묵히 천년의 향기를 머금어온
푸른 자연을 만나고
손잡고 오순도순 모여들어

사람은 그 속에 뒹굴며
넉넉한 하늘을 벗으로 삼아
풍년의 꿈을 꾼다

자연, 그 자리 옆에는
늘 사람이 있어야 한다

미로에 서성이다

길을 가야 하는데
나의 갈 길을 가야 하는데
길이 막혀 있습니다

열심히 이 길이다 생각하고 걸어왔는데
길이 막혀 발길이 묶였습니다

푸른 안개가 서성이며
뭉클한 눈물을 흘립니다

이 밤이 이슥하도록
나의 가슴에 박힌 못들을
하나씩 하나씩 뽑았습니다

눅눅한 나의 상처가 아물 때쯤이면
또 다른 길이 보이리라 생각하면서

어린아이가 엄마 손을 놓고서
길을 잃은 것처럼
꿈틀꿈틀
모퉁이 길을 돌아서
더듬더듬 길을 찾고 있습니다

말(言)

저만큼 멀기만 했던 너
싸리울 담장 밖에 돌덩이 같았던 너
내 안에 꼼짝없이 갇혀
세상 밖으로 나오지 못하고
독백처럼 떨고 있다가
말(言), 너를 만난 후
내 인생을 바꾸는
부드러운 카리스마
살가운 빛으로 나의 가슴을
두드리는 너
봄날의 지혜를 들으며
너의 말 한마디에
진달래 빛을 닮은 울음을 울게 하고
너의 말 한마디에
꽃망울 화들짝 터트리는 웃음을 웃게 하는 너

세월

떠나가는 그대의 발걸음을
나는 지긋이 붙들고 싶으니
그대여
떠나가는 그대의 발걸음을
거기 잠시만 멈추고
고달픈 인생사
허리춤에 매어 달고
굽이굽이 비탈길을 이어온
가난한 목숨과
외롭고 막막하게 살아온
허기진 영혼을
살포시 보듬어 주고 가시게나

제비꽃

엄마 아빠를 잃고 덩그러니 험한 세상에 수줍게 피어난 보라꽃
머리카락만큼의 가느다란 뿌리로 고난의 길을 걷는 야생꽃
한참을 바라보니 나에게 눈물을 그렁거리며 말을 한다

작은 어깨에 올라타는 부지런 떠는 왕개미의 발놀림도 무섭고
바람 따라 흔들거리며 지나가는 밤벌레들의 날개도 무섭고
수런수런 떠들며 지나가는 사람들의
운동화 끄는 소리도 무섭다 한다

여린 생명으로 태어나, 그것을 지키기 위한 절실한 치유책을
찾아내야 하는데
혼자 받은 우울한 상처를 탈출하기 위한 본질적인 고뇌를
털어내야 하는데
아침에 만난, 가늘게 떨고 있는 어린 생명이 안타까워
잠이 오지 않는다

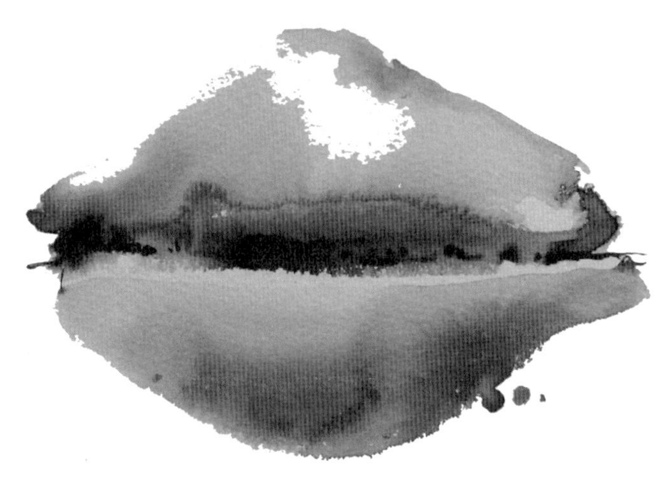

鳳儀山 · 1

–산에 오르다

봉의산에 오르다가
산중턱에 앉아 뒤를 돌아다보니
유유히 흐르는 강물이 굽이굽이 흐르고 있다
산은 머리에 하늘을 이고
강물은 천년의 지혜를 담아
자연이라는 조화로운 詩心을 듬뿍 담고 있으니
어디, 이보다 더한 한 폭의 그림이 또 어디 있으랴
어디, 이보다 더한 인생의 가르침이 또 어디 있으랴

빈손으로 태어난 몸
빈손으로 돌아가야 하나니
욕심을 버리라 한다
서두르지 말라 한다
분노하지 말라 한다
내 손에 꼭 쥐고 있는 것을
한 번쯤 내려놓으라 한다
산이
강물이
자연에 순응하며 살라 하면서
가혹한 일침을 내게 던지고 있으니
내 삶의 한 올 한 올을
봉의산 끝자락 나뭇가지에 걸쳐 놓으니
이 또한 기쁨일 수밖에
이 또한 기쁨일 수밖에

鳳儀山 · 2
–고독한 절규

숲길에 갇힌다
인생의 수레바퀴 속에서 뒹굴다가
오랜 상처의 흔적들이
고단한 걸음을 옮길 때마다
삐걱이며 불규칙적으로 튀어 오른다
묶여 있던 나의 고독한 아픔들이
어두운 걸음을 옮길 때마다
부추기듯이 하나씩 하나씩 뻗쳐 오른다
머지않아 정상에 닿을 것이다
발그스레 숨이 턱 끝에 차오른다
뚜벅뚜벅 고독한 발걸음에 맞추어
울음이 헤픈 매미가 제 생애를 걸고
나와 함께 울고 있다
하늘 향한 봉의산에 오르다가
고독한 절규의 혼잣말을 한다
다시 한 번, 인생은 아름다운 것이라고
그래서 인생은 껄껄껄 웃어볼만한 것이라고

황금빛 햇살 한줄기가
소나무 숲 사이로 가늘게 비추이고 있다

鳳議山 · 3

봉의산 산자락마다
자연의 속삭임을 닮은
푸르름의 선물이 여기 있으니

인생사 고된 짐을 지고
발길 닿는 곳마다
하염없는 세월이여

마음의 근심과 고됨을 거두고
부디, 아득한 평화여

인적없이 외롭게 놀다가는
산새의 묵묵한 발자국마다

훠이 지나는 세월이
무상하구나

鳳儀山 · 4
–소양정에서

봉황의 날개에 몸을 맡긴 채
소양강 물줄기에 담뿍 젖은 사랑아

수상한 달빛이 희미하게 내려앉은 저녁
일찌감치 산에 오른 초저녁 별들과
세상사의 흩어진 정든 이야기와
별들의 아픈 이야기를 수런수런 모으니
땅기운이 점점 가시는 소양정의 풍경이라

묵은 된장 끓이는 산사의 굴뚝 사이로
거짓말처럼 옛사랑의 얼굴이 문득 나타나고
도도한 강물 위로 꿈을 꾸는 사랑아

날은 어두워지고
사람의 손이
그립다
그대여
몇 줌의 별 부스러
기라도 살짝 떨어
뜨리고 가시구려

소양정에서 문소회 회원들과 함께(오른쪽 끝이 필자)

鳳儀山 · 5
–비오는 날

비오는 날이다. 꼬불꼬불 산길을 따라 어둠이 내려왔다.
길가에 알전구 가로등 불빛들이 시려운 빛을 달고, 오래된 습관처럼 고단한 하루를 밝히기 시작했다. 봄이라 하는 빗줄기가 때 묻은 나무들의 연둣빛 새순들을 애무하듯이 스친다.
마치 남자들이 여자들의 젖가슴을 살짝 스쳐 지나듯이

어둠에 비친 나무의 얼굴이 핼쑥하다. 봄날 내내, 여지없이
꽃을 피우느라 단단히 긴장이라도 했던 탓이리라. 한들거리며 내리는 봄비에 마지막 봄꽃의 꽃잎을 내려놓고, 다시 그리움을 가슴에 안고 꼬박 일년이라는 세월을 기다린다.

나무는 묻지 않는다. 산에 있던 어둠이 빗줄기를 몰고 제일 먼저 마을로 내려와 완강하게 붙어 있는 마지막 분신의 꽃잎을 떨어뜨리는 이유를 묻지 않는다. 더 이상 묻지 않는다.

어둠 속에 묻힌 강가, 검은 도시의 거리가
고개를 들기 시작한다.
생각이 깊은 소양강 물이 어둠 따라 흐른다. 봉황의 날개를 활짝 펼치고 있는 봉의산의 위품을 품에 안고
그만 쉬어가라 한다. 주저 없이 쉬어가라 한다.

수많은 사람들이 오르내리는 산, 산은 인간사 속 터지는 마음의 빗장을 얼마나 많은 시간과 세월로 인내하며 받아왔던가! 거듭, 거듭, 부정적으로 심장을 후벼파는 아슬아슬한 사람들의 증폭되는 거만함을 어찌 다 혼자만의 향기로 받아낼 수 있었던가!

비가 와서 꽃이 진 자리에도 어둠이 내렸다.
이 비가 끝날 즈음이면 어둠도 다시 제자리로 돌아가리라.
내일이면 나는 또다시 단숨에 산에 올라 악을 지르고,
울며 웃으며 고스란히 시처럼 살아가리라.

봉의산에 오르다

숲길을 지나 산의 고요함 속에 나를 담가볼 수 있는 시간을 갖기 위해 나는 오늘도 봉의산에 오른다. 봉의산은 항상 설레임을 가득 담아 나를 홀린다.

오늘도 어김없이 등산화 끈을 질끈 동여매고 집을 나선다. 봉의산은 내가 살고 있는 곳에서 가깝기도 하고, 운동도 할 겸 이곳에 오르곤 한다.

가도 가도 새로운 느낌이 든다. 누구나 산을 가본 이는 무엇을 말하는지 알 것이다. 먼 산을 바라만 보아도 설레임이 나의 심장을 내리친다. 마치 학창시절 소풍을 가는 날처럼 말이다.

그 옛날에 어머니께서 직접 만들어 주신 김밥, 삶은 계란, 동네 가게에서 사온 과자, 사이다 등 먹을 것을 잔뜩 담은 가방을 동여매고 집을 나서는 기분, 누구나 그 느낌을 알 것이다. 그러한 설레임 속에서 나는 산을 맞이한다.

매번 산에 오르는 느낌이 다르겠지만 산에 오르는 첫 걸음은 나의 인생의 첫 경험과도 같다.

세상 살아가는 얽힘을 어찌 산에 비교하겠냐마는 찌든 때를 벗기고 맑은 마음에 봉의산의 향기를 가득 담아보려 정상을 밟는다.

초록의 나무들이 나를 반기고, 언뜻언뜻 나무들 사이로 보이는 거울인 듯 맑은 하늘이 있으니 나의 마음이 그지없이 좋다.

산에 오르면서 계절마다 다른 산의 모습을 닮아가며 때로는 내가 나무도 되어 보고, 때로는 내가 숲이 되어 보면서 자연의 품으로 들어가 자연과 함께 어우러져 행복한 호흡을 하는 기쁨을 맛보곤 한다. 구불구불한 산길을 오르노라면, 이제는 자연의 일부분으로 자리 잡고 있는, 지금도 신음하고 있는 듯한 옛 유적지를 만나게 된다. 나는 그 곳에서 그윽한 애환으로 남겨진 영혼들에게 묵도를 한다.

내 조상님들의 맑은 역사를 되짚어 보는 상념을 하게 된다.

그 시대에는 먹을 것도 풍족하지 않을 시기며 문명이라는 자체는 어울리지 않는 언어일 것이다. 그런 그 시대에서도 우리 조상님들의 지혜와 얼을 회상해 본다.

산 어귀를 돌아보니, 세월의 흐름에 가려 희미하지만 무엇인가 나에게 비쳐졌다. 바로 암석에 새겨진 암각시였다.

조선시대 때 팔도관찰사 감사로 활동하신 반석평의 시비였다. 이 분은 조선 시대 청백리의 표상이었으며, 그 시대 감사로서의 대표적인 인물로 생각된다. 그 분의 시비를 보면서 잠시나마 요즘 세상사에 견주어 본다. 요즘은 자기중심적으로 생각하고 남을 배려하지 않으며 자기의 주장만 내세우는 세상이지 않는가?

이 시대는 영웅호색, 물질만능 시대에 젖어 있는 것 같다. 자기를 낮추고 남을 잘되게 빌어주는 것이야말로 더불어 사는 세상이 아니겠는가?

잠시 혼자 지껄이다 봉의산을 올려다보며 발길을 옮긴다.

수많은 사람들이 오고가는 산, 산은 후덥지근한 더위를 깔끔하게 해주고 깊은 사색으로 고된 피로를 풀게 해준다.

되돌아보면, 산은 내 지친 영혼의 쉼터요, 신선한 새벽 공기였다.

봉의산 허리쯤에 서서 내려다보니 엷은 안개에 싸인 아치형 다리가 어렴풋이 보인다. 마치 춘천의 강북마을을 품에 안고서 의연한 모습이라도 보여주기 위한 천지개벽의 느낌이다.
나는 이곳에 서서 푸른 바람을 만나 등허리서부터 흐르는 땀을 씻으며 생의 한 구석을 만난다.
내 지난날의 티끌까지 기억해 내며, 살아오면서 얽힌 생의 독소를 깊은 가슴팍에서부터 꺼내어 본다.
나는 헉헉대며 산에 오르면서, 살면서 채워진 나의 오만을 태운다. 그리고 비로소 멍에를 진 나의 모습을 내려놓기 위해 한 걸음 한 걸음 걸음을 옮긴다.
나는 이곳에서 삶의 소리를 들을 수 있는 귀를 열게 하고, 평화로운 산하를 들여다보는 눈을 갖게 하고, 혼돈의 세상에서 망각의 세월을 흘려보내는 감성도 배운다.
지금도 산을 오를 수 있는 힘과 건강이 내게 있으니 어찌나 감사한지 모른다.
혼자 이 생각 저 생각을 하며 봉의산 정상에서 내리막에 발길을 옮기니 봉의산의 젖줄인 약수터가 보였다.
무더운 날씨에 얼마나 반가운지 암석에서 나오는 물을 한 바가지 들이키고나니, 그 기분이야말로 무엇으로 형용할 수 있겠는가?
인생에는 잠시 쉼이 있듯이 짧은 시간의 쉼도 어찌나 좋은지 다음을 생각하고 준비할 수 있는 여유의 시간이 있어야 세상사는 재미를 느끼지 아니하겠는가?
요즘 세상사가 여유 없이 바쁘게 살아가며 빨리 빨리를 외치는 젊은 사람들에게 시원한 약수 한 잔을 권해 보고 싶다.
학창시절에 제법 운동을 잘해 왔던 나는 야구를 하게 되었다. 한참을 들뛰며 물이 올라 야구연습을 하던 중에 나는 허리 부상을 입게 되었다. 그 이후로 나는 몇 차례의 수술을 하며 내 몸과 영혼과의 아픔으로 보낸 세월이 수십 년이나 흘렀다. 하지만 나는 당연한 나의 업보라 생각하지 않았다. 나보다 못한 이가 이 세상엔 얼마나 많겠는가? 감사하면서 세월을 지내온지라 지금은 나의 건강에 대해서 그리 걱정을 하지 않아도 된다고 생각한다. 그래서 끊임없이 운동을 했고, 남보다 더한 끈질긴 노력으로 산에 올라 다녔다. 그리하여 나는 오늘도 산에 오르고 또 오른다.

세상을 살면서 노력하면 안되는 게 없다는 삶의 이치도 배우게 되었다. 지금도 봉의산에 산다람쥐처럼 뛰어오르면서 나는 얼마나 감사하며 행복한지 모른다. 언제쯤인가 내 인생길의 마지막에 다다를 때면 한 걸음도 옮기지 못할 때가 나에게도 찾아올 수 있으리니 숭고하고 엄숙한 자연 앞에서 생의 진솔한 평화로움을 닮아가고자 한다. 이것이 자연의 순리가 아니겠는가?

이렇듯 산은 고독과의 싸움이었으며, 인생길에서 낙오되지 않기 위한 체험장이었으며, 언제나 시작이 있으므로 정상에 오를 수 있다는 달콤한 승부였다.

새들이 나뭇가지에서 하늘을 열고, 꽃들이 봄의 열기 속에서 대지를 열고, 살아있는 자들에게 삶의 희열을 주는 자연의 조화 속에서 참다운 아름다움을 느낀다.

산은 나의 휴식이며, 미물 같은 인간을 포용하는 절대적인 힘이니, 내 어찌 산에 내 몸을 담지 않으리요.

오늘도 나는 우두동 강가의 허전한 빈자리를 지나면서 끝임 없이 밀어닥치는 인생의 난관들을 묻으며 봉의산에 오른다.

* 봉의산 : 춘천시 소양호를 끼고 있는 산

6. 우리는 가족이니까

아이들이 너무도 반듯하게 잘 자라주었다. 얼마나 감사한 일인가 말이다. 내 아내의 손길이 얼마나 고마운 일이였는지 제대로 고맙다는 말 한마디 전하지 못해 미안하고 고마울 뿐이다.

아빠, 감기를 조심하시고, 길도 미끄러우니까 허리도 조심하세요!

이제는 크리스마스때라서, 집집마다 단장을 하고, TV에서도 성탄절에 관한 것만 해요. 우리 교회에서도 연극을 하는데 저는 동방박사 역을 맡았어요. 이번 23일 수요일날 연극을 해요. 아빠는 이번 크리스마스때 뭐 하실 거에요? 아빠가 이번에 회사일 때문에 캐나다에 못오세요? 너무 보고 싶어요. 그러면 이번 봄에는 꼭 오세요~! 그리고 올해 성탄절은 비록 가족과 못 지내더라도, 뜻깊고, 즐겁게 보내시길 기도할께요.

아빠 혼자 서울에서 열심히 일하시는 덕분에 저희 가족은 이곳에서 편히 잘 지내고 있어요. 저는 항상 아빠한테 감사드려요. 왜냐하면 저희 주변에는 가난하고, 불쌍한 사람들도 많은데, 저희는 좋은 가정에서 태어나, 잘 자라고 있으니까요... 고맙습니다. 저는 플룻도 잘 배워요. 이제는 쉬운 노래들은 불 수 있어요. 수영도 4반만 더 거치면 다 끝나요. 소현이도 피아노를 배워서, 이제는 제법 잘 쳐요.

학교도 잘 다녀요. 특별히 공부가 힘들지도 않아요. 아 참, 저희는 그저께 방학을 했어요. 그리고 1월 4일날 개학을 해요. 저는 1월 말일날 큰 시험을 봐요. 그래서 좀 떨리는데, 그렇게 어렵지는 않을 것 같애요.

아빠, 하시는 사업 잘 되기를 바라고,
항상 건강하실 것을 믿어요. 저도 여기서
열심히 공부하고, 엄마, 동생말 잘 들을게
요. 즐거운 성탄절을 보내시고, '99 새해
에는 모든 소원들이 이루어 지시길 기도드
릴게요. 그리고 아빠 하시는 일 잘 되시길
바라고, 새해에는 복도 많이 받으세요.
그럼 건강하시고, 안녕히 계세요! 사랑
해요!

'98. 12. 24

사랑하는 딸 소은 올림

Merry Christmas &
a happy new year!

P.S - 새해에 떡국 많이 드세요!
P.P.S - 아빠, 크리스마스 선물로 강아지 사주세요. 선

아빠, 감기를 조심하시고 길도 미끄러우니까 허리도 조심하세요! 이제는 크리스마스 때라서 집집마다 단장을 하고 TV에서도 성탄절에 관한 것만 해요. 우리 교회에서도 연극을 하는데 저는 동방박사 역을 맡았어요. 이번 23일 수요일날 연극을 해요. 아빠는 이번 크리스마스 때 뭐 하실거예요?

아빠가 이번에 회사일 때문에 캐나다에 못 오세요? 너무 보고 싶어요. 그러면 이번 봄에는 꼭 오세요~! 그리고 올해 성탄절은 비록 가족과 못지내더라도 뜻깊고 즐겁게 보내시길 기도할게요.

아빠 혼자 서울에서 열심히 일하시는 덕분에 저희 가족은 이곳에서 편히 잘 지내고 있어요. 저는 항상 아빠한테 감사드려요. 왜냐하면 저희 주변에는 가난하고 불쌍한 사람들도 많은데, 저희는 좋은 가정에서 태어나 잘 자라고 있으니까요. 고맙습니다.

저는 플룻도 잘 배워요. 이제는 쉬운 노래들은 불 수 있어요. 수영의 4반만 더 거치면 다 끝나요. 소현이도 피아노를 배워서 이제는 제법 잘 쳐요. 학교도 잘 다녀요. 특별히 공부가 힘들지도 않아요.

아, 참 저희는 그저께 방학을 했어요. 그리고 1월 4일날 개학을 해요. 저는 1월 말일날 큰 시험을 봐요. 그래서 좀 떨리는데 그렇게 어렵지는 않을 것 같아요.

아빠, 하시는 사업 잘 되기를 바라고, 항상 건강하실 것을 믿어요. 저도 여기서 열심히 공부하고 엄마, 동생말 잘 들을게요.

즐거운 성탄절을 보내시고 '99 새해에는 모든 소원들이 이루어지시길 기도드릴게요. 그리고 아빠 하시는 일 잘되시길 바라고, 새해에는 복도 많이 받으세요. 그럼 건강하시고 안녕히 계세요! 사랑해요!

'98. 12. 24

사랑하는 딸 소은 올림

p.s. 새해에 떡국 많이 드세요

p.p.s. 아빠, 크리스마스 선물로 강아지 사주세요^^

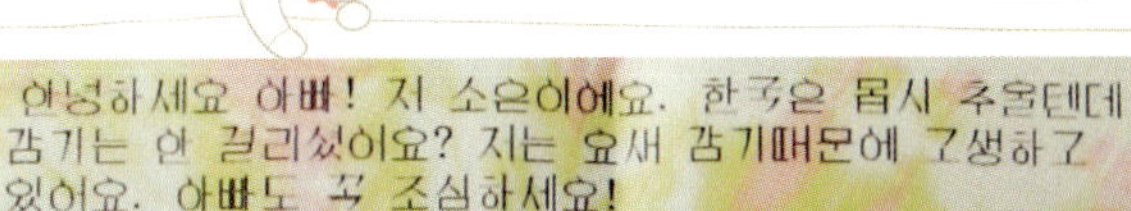

안녕하세요 아빠! 저 소은이에요. 한국은 몹시 추울텐데 감기는 안 걸리셨어요? 저는 요새 감기때문에 고생하고 있어요. 아빠도 꼭 조심하세요!

저는 이제 1학기가 끝나고 2월 8일에 새학기가 시작해요. 1주일전에 1학기때 배운 모든것에 대해 큰 시험을 봤었어요. 어렵지는 않았는데 점수는 아직 안나왔어요... 잘나와야 할텐데... 그래도 학교 생활이 국민학교보다는 더 재밌어요! 근데 학교 매점에서 점심을 사 먹거든요??? 근데 매일매일 똑같은 음식만 나와서 너무 질려요~! 근데 내 친구는 이쩔때 한국음식 싸와서 학교에서 먹어요!

아빠, 조금만 있으면 아빠 생신이죠? 진심으로 생신을 축하드려요! 한국에 우리 가족이 함께 있지는 못하지만, 아빠! 그래도 아빠 생신에는 미역국도 챙겨드시고, 그날 하루를 아주 뜻깊게 보내시길 바래요. 그리고 선물도 못드려서 정말 죄송해요! 하지만 저희 가족은 항상 선물보다 중요한 우리 아빠 건강을 위해서 하나님께 기도드릴께요.

저희 삼형제는 아빠 덕분에 여기에서 수영도 하고, 악기도 배우고, 재즈도 배워요. 아빠, 이렇게 저희가 많은것을 배울수있게 해주셔서 참 감사해요. 저희도 열심히 배울께요.

요새는 교회도 잘 다녀요. 새로운 사람은 아직 많이 안 왔지만 새로운 전도사님이 오셨어요. 맥마스터 대학에서 공부하셔요. 또, 박 목사님이 차도 사셨어요.

아빠, 이젠 그만 쓸께요. 그리고 아빠 빨리 캐나다에 오세요. 저희는 너무 아빠가 보고 싶어요. 저희도 여기서 엄마말씀 잘 듣고 학교생활도 열심히 하고, 건강하게 지낼께요. 아빠도 한국에서 회사생활 많이 힘들지만, 아빠 잘 하시리라고 믿어요. 그리고 항상 감기 조심하시고 아빠 허리도 조심하세요. 겨울길이 미끄러우니까요. 그럼 몸 건강히 안녕히계세요! 아빠, 많이많이 사랑해요~!!!!!

큰딸 소은 올림.

안녕하세요 아빠! 저 소은이에요. 한국은 몹시 추울텐데 감기는 안 걸리셨어요? 저는 요새 감기 때문에 고생하고 있어요. 아빠도 꼭 조심하세요!

저는 이제 1학기가 끝나고 2월 8일에 새학기가 시작돼요.

1주일 전에 1학기 때 배운 모든 것에 대해 큰 시험을 봤었어요. 어렵지는 않았는데 점수는 아직 안나왔어요…잘 나와야 할텐데… 그래도 학교생활이 초등학교보다는 더 재밌어요!

근데 학교 매점에서 점심을 사 먹거든요??? 근데 매일매일 똑같은 음식만 나와서 너무 질려요~! 근데 내 친구는 어쩔 때 한국음식 싸와서 학교에서 먹어요!

아빠, 조금만 있으면 아빠 생신이죠? 진심으로 생신을 축하드려요! 한국에 우리 가족이 함께 있지는 못하지만 아빠! 그래도 아빠 생신에는 미역국도 챙겨드시고 그날 하루를 아주 뜻깊게 보내시길 바래요. 그리고 선물도 못드려서 죄송해요! 하지만 저희 가족은 항상 선물보다 중요한 우리 아빠 건강을 위해서 하나님께 기도 드릴게요.

저희 삼형제는 아빠 덕분에 여기에서 수영도 하고, 악기도 배우고, 재즈도 배워요. 아빠 이렇게 저희가 많은 것을 배울 수 있게 해주셔서 참 감사해요. 저희도 열심히 배울게요.

요새는 교회도 잘 다녀요. 새로운 사람은 아직 많이 안 왔지만 새로운 전도사님이 오셨어요. 맥마스터 대학에서 공부하셔요. 또, 박 목사님이 차도 사셨어요.

아빠, 이젠 그만 쓸게요. 그리고 아빠 빨리 캐나다에 오세요. 저희는 너무 아빠가 보고 싶어요. 저희도 여기서 엄마 말씀 잘 듣고 학교생활도 열심히 하고 건강하게 지낼게요. 아빠도 한국에서 회사생활 많이 힘들지만 아빠 잘 하시리라고 믿어요. 그리고 항상 감기 조심하시고 아빠 허리도 조심하세요. 겨울길이 미끄러우니까요.

그럼 몸 건강히 안녕히 계세요.! 아빠, 많이많이 사랑해요~!!!

큰딸 소은 올림.

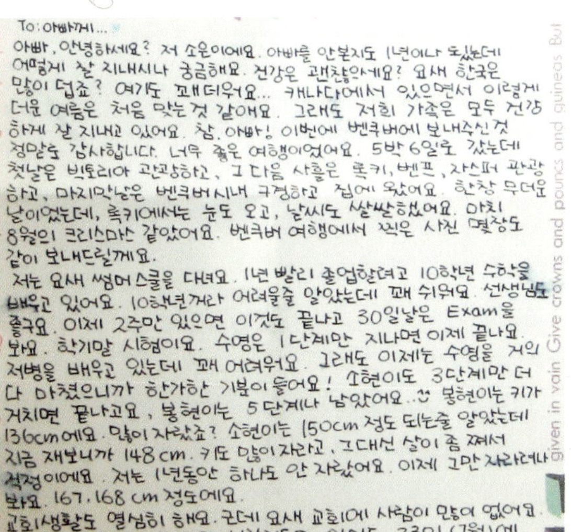

To: 아빠께...

아빠, 안녕하세요? 저 소은이에요. 아빠를 안본지도 1년이나 되었는데 어떻게 잘 지내시나 궁금해요. 건강은 괜찮으세요? 요새 한국은 많이 덥죠? 여기도 꽤 더워요... 캐나다에서 있으면서 이렇게 더운 여름은 처음 맞는것 같애요. 그래도 저희 가족은 모두 건강하게 잘 지내고 있어요. 참, 아빠! 이번에 벤쿠버에 보내주신것 정말로 감사합니다. 너무 좋은 여행이었어요. 5박 6일로 갔는데 첫날은 빅토리아 관광하고, 그 다음 사흘은 록키, 벤프, 자스퍼 관광하고, 마지막날은 벤쿠버시내 구경하고 집에 왔어요. 한창 무더운 날이었는데, 록키에서는 눈도 오고, 날씨도 쌀쌀했어요. 마치 8월의 크리스마스 같았어요. 벤쿠버 여행에서 찍은 사진 몇장도 같이 보내드릴께요.

저는 요새 썸머스쿨을 다녀요. 1년 빨리 졸업할려고 10학년 수학을 배우고 있어요. 10학년꺼라 어려울줄 알았는데 꽤 쉬워요. 선생님도 좋구요. 이제 2주만 있으면 이것도 끝나고 30일날은 Exam을 봐요. 학기말 시험이요. 수영은 1단계만 지나면 이제 끝나요. 그래도 이제는 수영을 거의 다 마쳤으니까 한가한 기분이 들어요! 소현이도 3단계만 더 거치면 끝나고요, 봉현이는 5단계나 남았어요.. 봉현이는 키가 136cm에요. 많이 자랐죠? 소현이는 150cm 정도 되는줄 알았는데 지금 재보니까 148cm. 키도 많이 자라고, 그대신 살이 좀 쪄서 걱정이에요. 저는 1년동안 하나도 안 자랐어요. 이제 그만 자라려나봐요. 167, 168cm 정도에요.

교회생활도 열심히 해요. 근데 요새 교회에 사람이 많이 없어요. 여름이라서 많이 한국에 나갔거든요. 아마도 23일(7월)에 캠프를 갈것 같애요. 교회사람들이랑요. 이번에 가서 카누도 타고 그런데요~! 참... 그리고요, 아빠가 여기 안 계셨어서 우리 →

성적표를 보내드리려고 했거든요? 그런데요 제가 썸머 스쿨 하는 바람에 성적표를 아직 못받았어요. 아빠, 그러니까 이번에 캐나다에 오실때 꼭 보여드릴께요~ 그런 의미에서라도 빨리 캐나다에 오셔야 되요! 꼭이요~! 아빠 회사 많이 바쁘시죠? 힘드신지 다 알아요. 이 IMF 시대에 먹고 싶은거 다 먹고, 공부하고, 또 좋은 환경에서 자라게 해 주셔서 항상 감사해요. 아빠가 캐나다에 전화할 때, 제가 쑥스러워서 보고싶다는 말도 못하고, 애교도 못떨고... 너무 죄송해요. 하지만 소은이는 아빠를 너무너무 사랑하고요, 말로 못할정도로 보고싶어요. 아빠를 사랑하고, 감사하는 마음은 항상 그대로인걸요.. 아빠! 바쁘셔도 캐나다에 빨리 오세요. 저희가 많이 커서 놀라실 껄요? 아빠, 그럼 이제 펜을 놓을께요. 항상 건강하시고, 더위 조심하시고, 회사도 잘 다니세요. 너무 무리하지 마시고요. 마지막으로 소은이의 바램은 아빠가 교회에 나가시는 거에요. 그러면 좋을것 같애요. 아빠, 그럼 건강하시고, 다음에 봐요! 그럼 안녕히 계세요~ ♥ 사랑해요!

P.S: 북한이 쳐들어 왔다면서요? 그 소식듣고 너무 무서웠어요...
아빠! 조심하세요~

'99. 7. 15
아빠를 사랑하는 큰딸
소은 올림

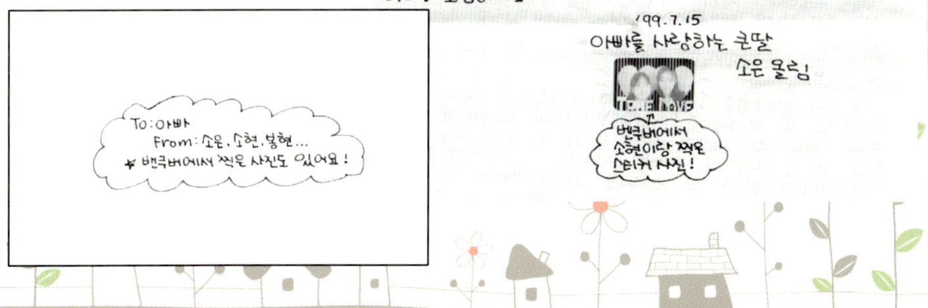

To. 아빠께…

아빠, 안녕하세요? 저 소은이에요. 아빠를 안본지도 1년이나 됐는데 어떻게 잘 지내시나 궁금해요. 건강은 괜찮으세요? 요새 한국은 많이 덥죠? 여기도 꽤 더워요…. 캐나다에 있으면서 이렇게 더운 여름은 처음 맞는 것 같애요. 그래도 저희 가족은 모두 건강하게 잘 지내고 있어요.

참, 아빠! 이번에 벤쿠버에 보내주신 것 정말로 감사합니다. 너무 좋은 여행이었어요. 5박 6일로 갔는데 첫날은 빅토리아 관광하고, 그 다음 사흘은 록키, 벤프, 자스퍼 관광하고, 마지막 날은 벤쿠버 시내 구경하고 집에 왔어요. 한창 무더운 날이었는데 록키에서는 눈도 오고, 날씨도 쌀쌀했어요. 마치 8월의 크리스마스 같았어요. 벤쿠버 여행에서 찍은 사진 몇 장도 같이 보내드릴게요.

저는 요새 썸머스쿨을 다녀요. 1년 빨리 졸업하려고 10학년 수학을 배우고 있어요. 10학년꺼라 어려운 줄 알았는데 꽤 쉬워요. 선생님도 좋구요. 이제 2주만 있으면 이것도 끝나고 30일날은 Exam을 봐요. 학기말 시험이요.

수영은 1단계만 지나면 이제 끝나요. 접영을 배우고 있는데 꽤 어려워요. 그래도 이제는 수영을 거의 다 마쳤으니까 한가한 기분이 들어요! 소현이도 3단계만 더 거치면 끝나고요 봉현이는 5단계나 남았어요. ^ ^

봉현이는 키가 136cm에요. 많이 자랐죠? 소현이는 150cm 정도 되는 줄 알았는데 지금 재보니까 148cm. 키도 많이 자라고 그대신 살이 좀 쪄서 걱정이에요. 저는 1년 동안 하나도 안 자랐어요. 이젠 그만 자라려나 봐요. 167, 168cm 정도에요.

교회생활도 열심히 해요. 근데 요새 교회에 사람이 많이 없어요. 여름이라서 많이 한국에 나갔거든요. 아마도 23일(7월)에 캠프를 갈 것 같애요. 교회사람들이랑요. 이번에 가서 카누도 타고 그런데요~!

참… 그리고요 아빠가 여기 안 계셨어서 우리 성적표를 보내드리려고 했거든요? 그런데요 제가 썸머스쿨 하는 바람에 성적표를 아직 못받았어요. 아빠, 그러니까 이번에 캐나다에 오실 때 꼭 보여드릴게요~ 그런 의미에서라도 빨리 캐나다에 오셔야 돼요! 꼭이요~!

아빠 회사 많이 바쁘시죠? 힘드신 거 다 알아요. 이 IMF시대에 먹고 싶은 거 다 먹고, 공부하고, 또 좋은 환경에서 자라게 해주셔서 항상 감사해요. 아빠가 캐나다에 전화할 때 제가 쑥스러워서 보고싶다는 말도 못하고, 애교도 못 떨고… 너무 죄송해요. 하지만 소은이는 아빠를 너무너무 사랑하고요, 말로 못할 정도로 보고싶어요.

아빠를 사랑하고 감사하는 마음은 항상 그대로인 걸요. 아빠! 바쁘셔도 캐나다에 빨리 오세요. 저희가 많이 커서 놀라실껄요? 아빠, 그럼 이제 펜을 놓을게요. 항상 건강하시고 더위 조심하시고 회사도 잘 다니세요. 너무 무리하지 마시고요. 마지막으로 소은이의 바램은 아빠가 교회에 나가시는 거에요. 그러면 좋을 것 같애요.

아빠, 그럼 건강하시고 다음에 뵈요! 그럼 안녕히 계세요~♥ 사랑해요!

p.s. 북한이 쳐들어왔다면서요? 그 소식 듣고 너무 무서웠어요….
아빠! 조심하세요~

'99. 7. 15

아빠를 사랑하는 큰딸 소은 올림

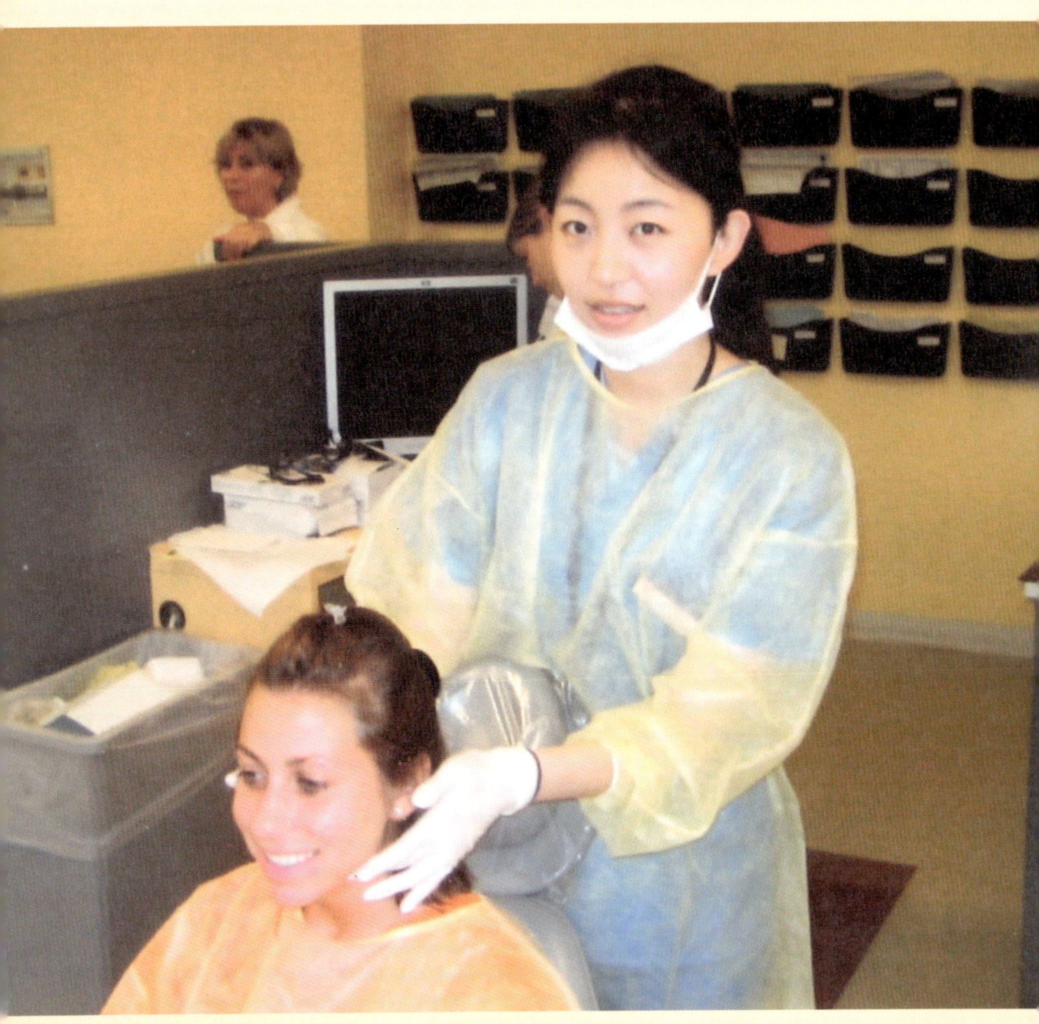

보스턴 치과대학에서 공부하고 있는 큰딸 소은이의 모습

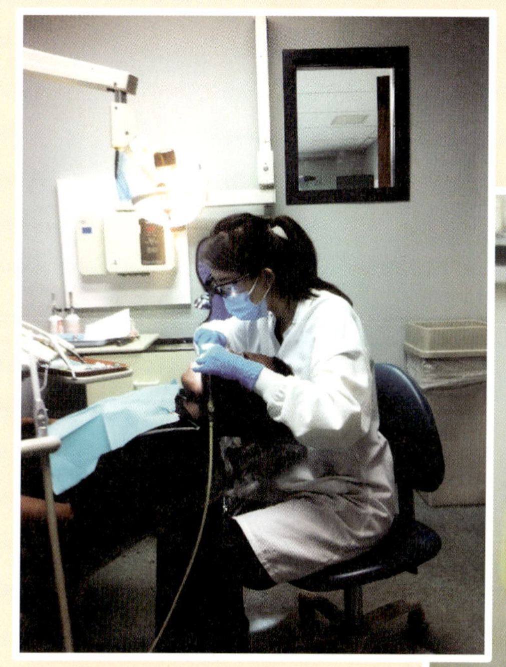

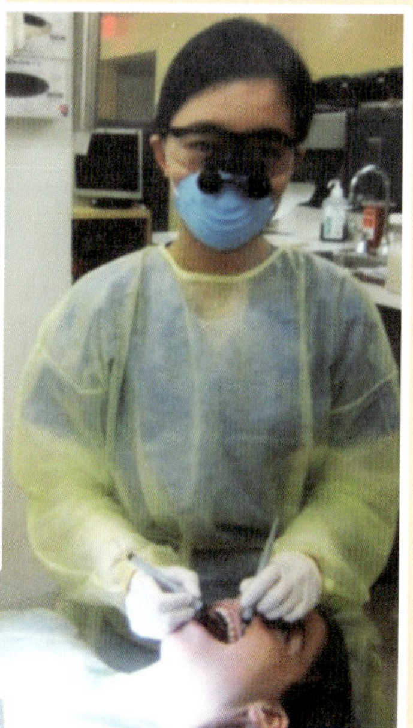

환자를 진료하고 있는 소은이

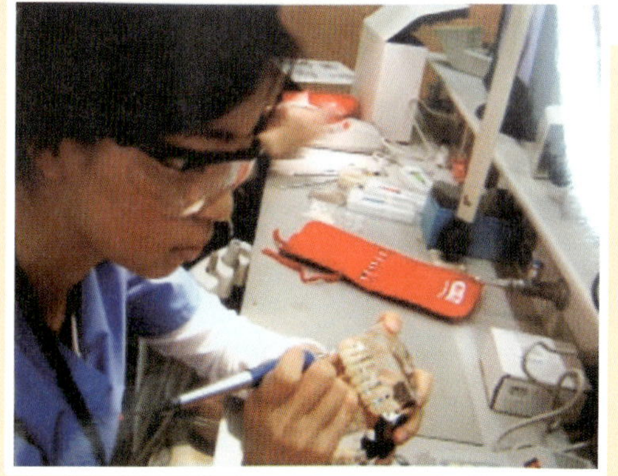

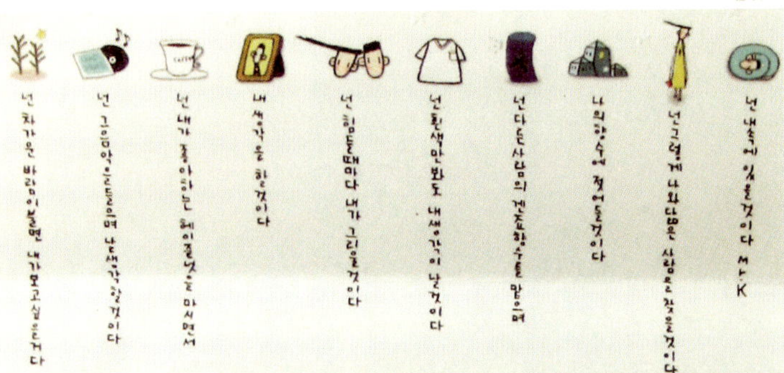

아빠에게…

아빠 안녕하세요. 저 소은이에요. 아빠 요새 건강은 어떠세요? 한국은 이번 겨울이 정말 추웠다고 들었는데 아빠는 잘 계셨어요? 캐나다는 정말 희안하게도 이번 겨울이 그리 춥지가 않았어요. 눈은 많이 왔는데 이젠 추운게 적응이 됐는지 별로 춥진 않았어요. ^^ 아빠는 요새 뭐하고 지내세요? 회사일 많이 힘드세요? 듣기로는 한국경제가 요새 참 많이 안좋다고 하던데 '제 2의 I.M.F'라면서요? 에고.. 많이 힘드시죠? 그래도 아빠, 정말 감사해요. 그런걱정 안하고 이렇게 좋은 환경에서 자랄수 있어서요. 아무리 아빠랑 이렇게 떨어져 살아도 항상 고마운 이마음 변하진 않아요. 아빠, 정말로 감사하고 힘내세요! 제가 나중에 크면 정말 두, 세배로 훨씬 잘해드릴께요~ 약속이에요. ^^

아빠. 음력생신이 곧 다가와요~ 저희가 비록 캐나다에 있어서 아빠 생신때 같이 못있어드리지만 여기서 이렇게 작은 선물을 준비했습니다. 뭘 사드릴지 고민하다가 백화점에서 이 남방이 너무 예뻐서 이걸 샀어요. 아빠가 남색을 좋아하신다고 해서요 ♡ 이거 아빠 사드리고 너무 예쁜거 같애서 저도 똑같은걸로 하나 샀어요 (싸이즈는 아빠꺼보다 작은거.. ^^) 아빠, 이옷이 꼭 맘에 드셨으면 해요. 잘 입으시구 저두 그 남방 똑같은거 입을때 아빠 생각할께요.

아빠, 그럼 항상 건강하시고, 생일 뜻깊고 즐거웁게 보내세요! 감기 조심하시구여 너무 일 무리해서 하시진 마시구요! 그리고 소현이 걱정 너무하진 마세요. 기분 풀면 다 괜찮아질꺼에요. 저희가 소현이 잘 돌볼께요. 그럼 아빠, 이만 줄일께요. 안녕히계세요! 아빠 사랑해요 항상!

큰딸 소은올림

추신: 2001년도엔 아빠 모든일 잘되길 바라고, 건강하시고, 복이 넘치기 바래요. 그리고 내가 나요 ^^

아빠에게…

아빠 안녕하세요. 저 소은이에요. 아빠 요새 건강은 어떠세요?
한국은 이번 겨울이 정말 추웠다고 들었는데 아빠는 잘 계셨어요? 캐나다는 정말 희안하게도 이번 겨울이 그리 춥지가 않았어요. 눈은 많이 왔는데 이젠 추운 게 적응이 됐는지 별로 춥진 않았네요.
아빠는 요새 뭐하고 지내세요? 회사일 많이 힘드세요? 듣기로는 한국 경제가 요새 참 많이 안좋다고 하던데… '제2의 IMF'라면서요? 에고… 많이 힘드시죠? 그래도 아빠, 정말 감사해요. 그런 걱정 안하고 이렇게 좋은 환경에서 자랄 수 있어서요. 아무리 아빠랑 이렇게 떨어져 살아도 항상 고마운 이 마음 변하진 않아요. 아빠, 정말로 감사하고 힘내세요! 제가 나중에 크면 정말 두세배로 훨씬 잘해드릴게요~ 약속이에요^ ^
아빠, 음력 생신이 곧 다가와요~ 저희가 비록 캐나다에 있어서 아빠 생신 때 같이 못있어 드리지만 여기서 이렇게 작은 선물을 준비했습니다. 뭘 사드릴지 고민하다가 백화점에서 이 남방이 너무 예뻐서 이걸 샀어요. 아빠가 남색을 좋아하신다고 해서요^ ^ 이거 아빠 사드리고 너무 예쁜 거 같애서 저도 똑같은 걸로 하나샀어요.(싸이즈는 아빠꺼보다 작은 거^ ^) 아빠, 이 옷이 꼭 맘에 드셨으면 해요. 잘 입으시구요. 저두 그 남방 똑같은거 입을 때 아빠 생각할게요.
아빠, 그럼 항~상 건강하시고 생일 뜻깊고 즐거웁게 보내세요! 감기 조심하시구여. 너무 일 무리해서 하시진 마시구요! 그리고 소현이 걱정 너무 하진 마세요. 기부스 풀면 다 괜찮아질거예요. 저희가 소현이 잘 돌볼게요.
그럼 아빠, 이만 줄일게요. 안녕히 계세요.! 아빠 사랑해요 항상!

큰딸 소은 올림.

추신 : 2001년도엔 아빠 모든 일 잘되길 바라고, 건강하시고, 복이 넘치기 바래요. 교회도 나가시구요!~

To: 아빠

아빠. 안녕하세요? 저 소은이에요. 몸은 건강히 잘 계세요?
저희 가족은 다 잘 지내고 있어요. 캐나다는 작년보다
별루 안 추워요. 눈도 안오구요. 이제 조금만 있으면
크리스마스던데 아빠는 그날에 뭐하세요? 저희는 25일에
는 교회를 가고, 24일에는 가족끼리 있을거에요. 아빠랑
같이 크리스마스를 지내지 못해서 너무 아쉬워요. 참,
아빠! 저 12월 26일에 세례를 받아요. 우리 교회에서
요. 아빠는 옛날에 순복음 교회에서 받으셨죠? 아빠.

Wishing you a
very merry Christmas
and the happiest new year.

아빠 교회 다니세요? 아빠 위해 우리 가족 여기서 기도
많이 해요. 아빠 꼭 교회 다니세요. 우리는 여기서
아빠 생각하면서 운동두 열심히 하고 공부도 열심히
할께요. 그럼 새해 복 많이 받으시고, 항상 건강하시길
기도드려요. 그리고 2000 새해도 즐겁게 보내시고,
앞으로 하시는 일과 바라시는 일들 다 이루어 지길
기도드립니다. 아빠, 사랑해요! 그럼 안녕히 계세요.
내년 7월달에 한국에서 봐요!

'99 크리스마스때

큰딸 소은 올림.

1265 Ontario St. #1010
Burlington On. Canada
L7S-1X8
♡ 소은 올림 ♡

South Korea

경기도 구리시 수택동 660-16
송림 빌딩 범진 종합 건설
471-030
♡ 김 의천님 귀하 ♡

To: 아빠

아빠, 안녕하세요? 저 소은이에요. 몸은 건강히 잘 계세요?
저희 가족은 다 잘 지내고 있어요. 캐나다는 작년보다 별루 안 추워요. 눈도 안 오구요. 이제 조금만 있으면 크리스마슨데 아빠는 그날에 뭐하세요?
저희는 25일에는 교회를 가고, 24일에는 가족끼리 있을거예요. 아빠랑 같이 크리스마스를 지내지 못해서 너무 아쉬워요.
참, 아빠! 저 12월 26일에 세례를 받아요. 우리 교회에서요. 아빠는 옛날에 순복음교회에서 받으셨죠? 아빠.
아빠 교회 다니세요? 아빠 위해 우리 가족 여기서 기도 많이 해요. 아빠 꼭 교회 다니세요. 우리는 여기서 아빠 생각하면서 운동두 열심히 하고 공부도 열심히 할게요.
그럼 새해 복 많이 받으시고 항상 건강하시길 기도드려요. 그리고 2000 새해도 즐겁게 보내시고 앞으로 하시는 일과 바라시는 일들 다 이루어지시길 기도드립니다.
아빠, 사랑해요! 그럼 안녕히 계세요. 내년 7월 달에 한국에서 뵈요!

'99 크리스마스 때
큰딸 소은 올림

큰딸 소은이가 아빠에게 보낸 폰 메시지를 필자가 글로 표현

아빠 즐거운 추석 보내고계세요!?
인터넷으로 문자가 보내지네요!
여긴 추석도 없고 시험이 코앞이지만 전 아빠를 생각하며 항상 감사히 지내요
아빠 덕분에 미국에서 편히 공부할수 있는것 너무 감사하고요 요즘 경제도 힘든데 죄송해요
야무지게 4년 잘 견뎌내서 멋진의사 되서 제가 아빠 호강 시켜드릴께요
아빠 외롭고 힘드셔도 우리조금만 더힘내요. 항상우리걱정만 하지말고 꼭 건강챙기시구요
너무 너무 사랑해요아빠 ♥ 보스톤에서 소은올림

2008. 9. 14 PM 05:00

필자의 폰메시지 답장

그래 너의문자를 읽을수가 있구나 넘 가슴이 벅차서 …
보고또 보고 한없이 보았다 우리딸 너무나 자랑스럽고 아빠가힘이 나는구나
다 너의맘안다 아빠걱정말고 너희들이나 잘지내길바란다
너희들이 화목하고 건강하게 또행복하게 지내는것이 아빠의 소원이다
아빠는 지난세월동안 그렇게 하지를 못했기에 너희들이나마 행복하길 바란다
그러기에 아빠는 죽는날까지 너희들의 수호신이 될것이다
자식과 무슨 이야기하겠니 모든것 다 너희를 위하여할것이고 다 너희들 것이다.
사랑하고 또사랑하고 자랑스러운 딸, 아들 …..

2008. 9. 19. 오후 4:07
소은이와 소현 용현이를 생각하며

큰딸 소은이가 아빠에게 보낸 폰 메시지를 필자가 글로 표현

아빠 즐거운 추석 보내고 계세요!?
인터넷으로 문자가 보내지내요!
여긴 추석도 없고 시험이 코앞이지만 전 아빠를 생각하며 항상 감사히 지내요.
아빠 덕분에 미국에서 편히 공부할 수 있는 것 너무 감사하고요 요즘 경제도 힘든데 죄송해요.
야무지게 4년 잘 견뎌내서 멋진 의사되서 제가 아빠 호강시켜 드릴게요.
아빠 외롭고 힘드셔도 우리 조금만 더 힘내요. 항상 우리 걱정만 하지 말고 꼭 건강 챙기시구요.
너무 너무 사랑해요 아빠♥
보스톤에서 소은 올림　　　　　　2008. 9. 14. PM 05:00

필자의 폰메시지 답장

그래 너의 문자를 읽을 수가 없구나, 넘 가슴이 벅차서…
보고 또 보고 한없이 보았다. 우리 딸 너무나 자랑스럽고 아빠가 힘이 나는구나.
다 너의 맘 안다. 아빠 걱정 말고 너희들이나 잘 지내길 바란다.
너희들이 화목하고 건강하게 또 행복하게 지내는 것이 아빠의 소원이다.
아빠는 지난 세월 동안 그렇게 하지를 못했기에 너희들이나마 행복하길 바란다. 그러기에 아빠는 죽는 날까지 너희들의 수호신이 될 것이다.
자식과 뭘 이야기하겠니. 모든 것 다 너희를 위하여 할 것이고 다 너희들 것이다.
사랑하고 또 사랑하고 자랑스러운 딸, 아들…

2008. 9. 19. 오후 4:07
소은이와 소현 봉현이를 생각하며

◀봉현이

▲소현

◀소은, 소현, 봉현
벤쿠버 여행지에서

= 부쩍 춥다고, 들었는데 아빠는 감기
[illegible]고 건강하신지요. 저는 아빠
가 늘 건강하시는 것을 믿어요. 학교
에 가면 너무 재미있어요! 특히
노는시간. 내 친구들과 재미있는 걸
하고 놀아요. 여기 캐나다는 무척
따뜻 해요. 며칠 전에 첫 눈이
내렸어요. 그래서 요즘 학교에 갈때
연극을 해요. 아빠 크리스마스 때 좋은
성탄절을 보내세요. 다른 아빠들은 다들
이곳에오셨는데 아빠가 안오셔서 저희들은
무척 섭섭해요. 엄마가 아빠가 바빠셔서
못오신다고 하시는데, 아빠 저희는 아빠덕분
에 여기서 편하게 공부하고 생활하는데
아빠는 혼자 서울에서 고생하셔서. 저희들은
아빠위해 기도드립니다. 아빠 사랑해요.
그리고 고맙습니다!

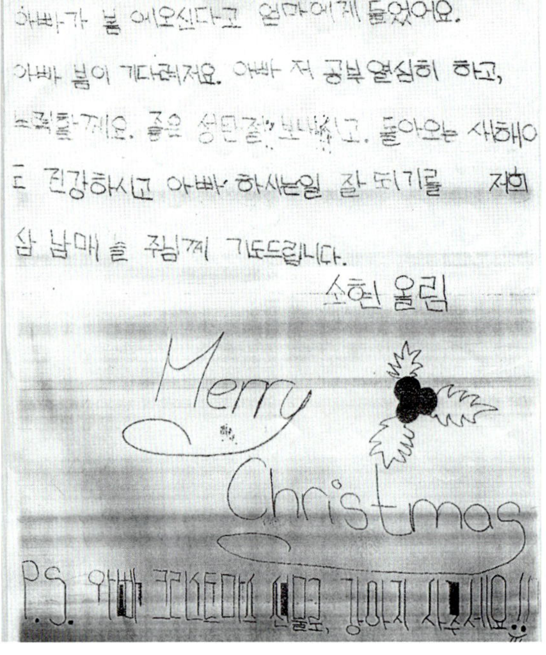

아빠가 봄에 오신다고 엄마에게 들었어요.
아빠 봄이 기다려져요. 아빠 저 공부 열심히 하고,
노력할께요. 좋은 성탄절 보내시고. 돌아오는 새해에
도 건강하시고 아빠 하시는일 잘 되기를 저희
삼 남매 늘 주님께 기도드립니다.
소현 올림

Merry Christmas

P.S. 아빠 크리스마스 선물로 강아지 사주세요!!

거긴 무척 춥다고 들었는데 아빠는 감기 피해서 건강하신지요.

저는 아빠가 늘 건강하시는 것을 믿어요. 학교에 가면 너무 재미있어요!

특히 노는 시간 내 친구들과 재미있는 걸 하고 놀아요.

여기 캐나다는 무척 따뜻해요. 며칠 전에 첫눈이 내렸어요. 그래서 요즘 학교에 갈 때 연극을 해요.

아빠 크리스마스 때 좋은 성탄절을 보내세요. 다른 아빠들은 다들 이곳에 오셨는데 아빠가 안오셔서 저희들도 무척 섭섭해요. 엄마가 아빠가 바쁘셔서 못 오신다고 하시는데, 아빠 저희는 아빠 덕분에 여기서 편하게 공부하고 생활하는데 아빠는 혼자 서울에서 고생하셔서 저희들은 늘 아빠 위해 기도드립니다.

아빠, 사랑해요. 그리고 고맙습니다!

아빠가 봄에 오신다고 엄마에게 들었어요.

아빠 봄이 기다려져요. 아빠 저 공부 열심히 하고 노력할게요.

좋은 성탄절 보내시고 돌아오는 새해에도 건강하시고 아빠 하시는 일 잘 되기를 저희 삼남매 늘 주님께 기도드립니다.

소현 올림

p.s. 아빠 크리스마스 선물로 강아지 사주세요!!

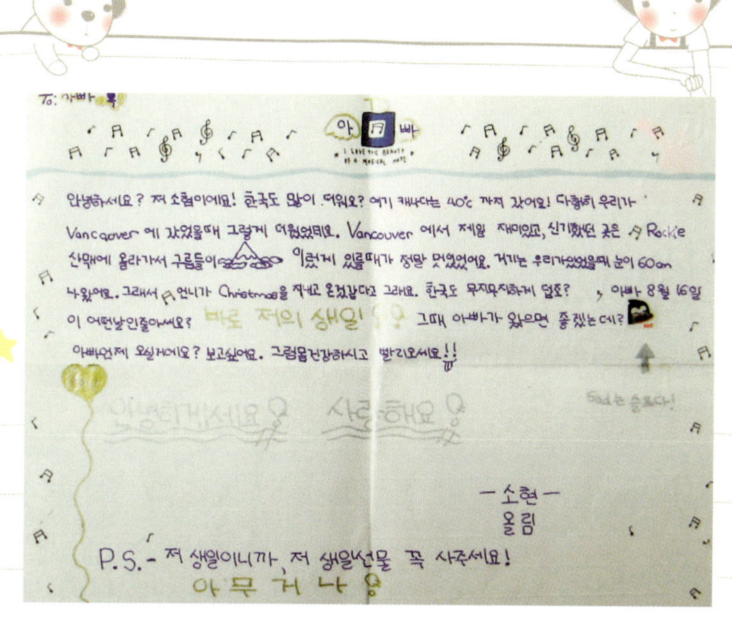

To: 아빠

아빠

안녕하세요? 저 소현이에요! 한국도 많이 더워요? 여기 캐나다는 40℃ 까지 갔어요! 다행히 우리가 Vancouver 에 갔었을때 그렇게 더웠었데요. Vancouver 에서 제일 재미있고, 신기했던 곳은 Rockie 산맥에 올라가서 구름들이 이렇게 있을때가 정말 멋있었어요. 거기는 우리가있었을때 눈이 60cm 나왔어요. 그래서 언니가 Christmas을 지내고 온것같다고 그래요. 한국도 무지무지하게 덥죠?, 아빠 8월 16일이 어떤날인줄아세요? 바로 저의 생일!! 그때 아빠가 왔으면 좋겠는데? 아빠언제 오실거에요? 보고싶어요. 그럼몸건강하시고 빨리오세요!!

안녕히계세요! 사랑해요!

— 소현 —
올림

P.S. - 저 생일이니까, 저 생일선물 꼭 사주세요!
아무거나!

안녕하세요? 저 소현이에요!

한국도 많이 더워요? 여기 캐나다는 40℃까지 갔어요! 다행히 우리가 Vancouver에 갔었을 때 그렇게 더웠었데요. Vancouver에서 제일 재미있고 신기했던 곳은 Rockie산맥에 올라가서 구름들이 이렇게 있을 때가 정말 멋있었어요. 거기는 우리가 있었을 때 눈이 60cm나 왔어요. 그래서 언니가 Christmas를 지내고 온 것 같다고 그래요. 한국도 무지무지하게 덥죠? 아빠, 8월 16일이 어떤 날인줄 아세요? 바로 저의 생일!! 그때 아빠가 왔으면 좋겠는데? 아빠 언제 오실거에요? 보고싶어요. 그럼 몸 건강하시고 빨리 오세요!!

안녕히 계세요! 사랑해요!

p.s. 저 생일이니까, 저 생일선물 꼭 사주세요! 아무거나!

소현 올림.

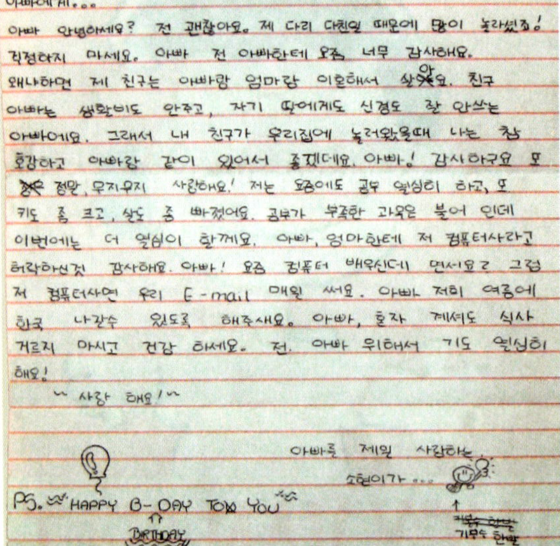

아빠에게...
아빠 안녕하세요? 전 괜찮아요. 제 다리 다친일 때문에 많이 놀라셨죠!
걱정하지 마세요. 아빠 전 아빠한테 요즘 너무 감사해요.
왜냐하면 제 친구는 아빠랑 엄마랑 이혼해서 살아요. 친구
아빠는 생활비도 안주고, 자기 딸에게도 신경도 잘 안쓰는
아빠에요. 그래서 내 친구가 우리집에 놀러왔을때 나는 참
호강하고 아빠랑 같이 있어서 좋겠데요. 아빠! 감사하구요 또
정말, 무지무지 사랑해요! 저는 요즘에도 공부 열심히 하고, 또
키도 좀 크고, 살도 좀 빠졌어요. 공부가 부족한 과목은 불어 인데
이번에는 더 열심이 할께요. 아빠, 엄마한테 저 컴퓨터사라고
허락하신것 감사해요. 아빠! 요즘 컴퓨터 배우신데 면서요? 그럼
저 컴퓨터사면 우리 E-mail 매일 써요. 아빠 저희 여름에
한국 나갈수 있도록 해주세요. 아빠, 혼자 계셔도 식사
거르지 마시고 건강 하세요. 전 아빠 위해서 기도 열심히
해요!
~ 사랑 해요! ~

아빠를 제일 사랑하는
소현이가...

P.S. ~HAPPY B-DAY TO YOU~
BIRTHDAY

아빠에게…

아빠 안녕하세요? 전 괜찮아요. 제 다리 다친 일 때문에 많이 놀라셨죠!

걱정하지 마세요. 아빠 전 아빠한테 요즘 너무 감사해요.

왜냐하면 제 친구는 아빠랑 엄마랑 이혼해서 살아요.

친구 아빠는 생활비도 안 주고, 자기 딸에게도 신경도 잘 안쓰는 아빠에요. 그래서 내 친구가 우리집에 놀러왔을 때 나는 참 호강하고 아빠랑 같이 있어서 좋겠데요. 아빠! 감사하구요 또 정말 무지무지 사랑해요!

저는 요즘에도 공부 열심히 하고, 또 키도 좀 크고 살도 좀 빠졌어요. 공부가 부족한 과목은 불어인데 이번에는 더 열심히 할게요.

아빠, 엄마한테 저 컴퓨터 사라고 허락하신 것 감사해요. 아빠! 요즘 컴퓨터 배우신데면서요? 그럼 저 컴퓨터 사면 우리 E-mail 매일 써요.

아빠 저희 여름에 한국 나갈 수 있도록 해주세요. 아빠, 혼자 계셔도 식사 거르지 마시고 건강하세요. 전 아빠 위해서 기도 열심히 해요!

~사랑해요!~

아빠를 제일 사랑하는 소현이가…

p.s. ~ Happy Birthday To You~

안녕하세요. 이번 크리스마스날 즐겁게 보내시구, 몸
건강하세요! AND HAPPY NEW YEAR!~~ 여기 캐나다는
날시가 좀 따뜻해요 작년보단... 첫눈이 금요일날 왔구여. (12/14/01)
한국은 많이 춥죠? 감기 조심!하세요... 그리구... 좀 있으면
아빠 생일인데, 지금 축하해드릴께요. ♪생일축카 합니다 사랑하는 아~빠!
생일 축카 합니다♩♩. 그럼 안녕히계세요, 사랑해요! ——♡

HO HO HO

To: 아빠!♥

* 메리 크리스마스, 그리고 해피 뉴 이여!(YEAR) *

FROM: 소현 ^^V

안녕하세요. 이번 크리스마스날 즐겁게 보내시구, 몸 건강하세요! AND HAPPY NEW YEAR!~~

여기 캐나다는 날씨가 좀 따뜻해요. 작년보단… 첫눈이 금요일날 왔구여(12/14/01). 한국은 많이 춥죠? 감기 조심하세요… 그리구 좀 있으면 아빠 생일인데 지금 축하해 드릴게요. ♫생일축하합니다 사랑하는 아~빠! 생일 축카합니다♪♪

그럼 안녕히 계세요. 사랑해요!♥

소현^ ^

To : 아빠(DAD)
아빠! 안녕하세요. 저 소현이에요.
즐거운 성탄절과 돌아오는 새천년을 맞이하여 하나님의 은혜가 가득하기를 주님께 기도드립니다.
늘 건강하시고 원하는 모든 일들이 이루어지기를 기도드려요!

Merry Christmas

◀외국가기 전
소은, 소현,
봉현이의 모습

▲캐나다 이민 생활 중 아이들 모습

빠 건강하세요? 저 는 건강해요. 학교에 걸어다녀요.
과 수영을 열심이 다녀요. 학교에서 공부 잘해요.
들이랑 사이좋게놀아요. 아빠 저 어제 겨울방학 했어요.
주일 동안이에요.
빠 곧 Christmas 가돌아와요.
희들은 이곳에서 즐거운 성탄절을 보낼께요
빠 도 즐거운 성탄절을 보내세요
리고 돌아오는 새해에도 아빠 몸건강하세요
도 공부 열심히 하고 엄마 말씀 잘듣고 누나들과사이좋게
낼께요
아빠 안녕히계세요

Merry Christmas

아빠 건강하세요? 저는 건강해요. 학교에 걸어다녀요.
수영을 열심히 다녀요. 학교에서 공부 잘해요.
친구들이랑 사이좋게 놀아요. 아빠 저 어제 겨울방학 했어요.
이주일 동안이에요.
아빠 곧 Christmas가 돌아와요.
저희들은 이곳에서 즐거운 성탄절을 보낼게요.
아빠도 즐거운 성탄절을 보내세요.
그리고 돌아오는 새해에도 아빠 몸 건강하세요.
공부 열심히 하고 엄마 말씀 잘듣고 누나들과 사이좋게 지낼게요.
아빠 안녕히 계세요.

Merry Christmas

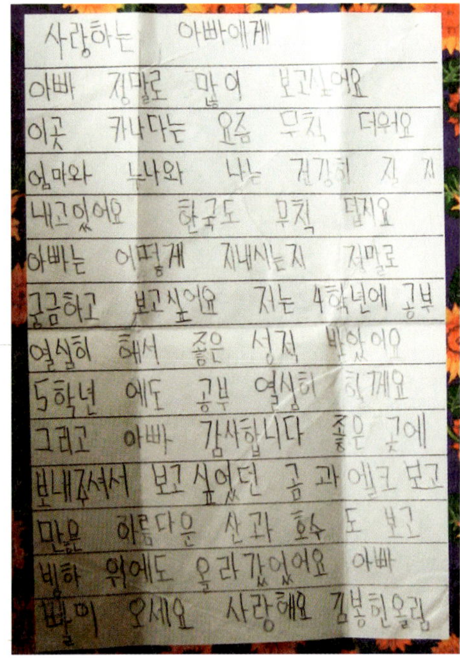

사랑하는 아빠에게
아빠 정말로 많이 보고싶어요
이곳 카나다는 요즘 무척 더워요
엄마와 누나와 나는 건강히 잘 지
내고있어요 한국도 무척 덥지요
아빠는 어떻게 지내시는지 정말로
궁금하고 보고싶어요 저는 4학년에 공부
열심히 해서 좋은 성적 받았어요
5학년 에도 공부 열심히 할께요
그리고 아빠 감사합니다 좋은 곳에
보내주셔서 보고 싶었던 곰 과 엘크 보고
많은 아름다운 산과 호수 도 보고
빙하 위에도 올라갔었어요 아빠
빨리 오세요 사랑해요 김봉현올림

사랑하는 아빠에게,

아빠 정말로 많이 보고 싶어요. 이곳 카나다는 요즘 무척 더워요. 엄마와 누나와 나는 건강히 잘 지내고 있어요. 한국도 무척 덥지요. 아빠는 어떻게 지내시는지 정말로 궁금하고 보고싶어요. 저는 4학년에 공부 열심히 해서 좋은 성적 받았어요. 5학년에도 공부 열심히 할게요. 그리고 아빠 감사합니다. 좋은 곳에 보내주셔서 보고 싶었던 곰과 엘크 보고 많은 아름다운 산과 호수도 보고 빙하 위에도 올라갔었어요.

아빠 빨리 오세요. 사랑해요.

김봉현 올림.

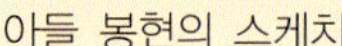

아들 봉현의 스케치

아빠에게...

아빠! 안녕하세요? 저 봉현이에요. 요즘 아빠 힘드시죠? 저는 요즘 아빠에게 너무 감사해요. 왜냐하면 제친구 Bryan 이 우리식구는 아빠가 열심히 일해서 생활비를 주는데 제 친구 가족은 Bryan 한테 아무것도 안사주니까 자기가돈을 벌어서 자기가 사고 싶은것을 사야돼요. 제생각에는 우리는 호강하게 사는것같에요. 아빠 건강하시고 아녕히계세요. 아빠 생일 축하드려요 사랑해요

아빠에게…

아빠! 안녕하세요? 저 봉현이에요.

요즘 아빠 힘드시죠? 저는 요즘 아빠에게 너무 감사해요. 왜냐하면 제 친구 Bryan이 우리 식구는 아빠가 열심히 일해서 생활비를 주는데 제 친구 가족은 Bryan한테 아무것도 안 사주니까 자기가 돈을 벌어서 자기가 사고 싶은 것을 사야돼요.

제 생각에는 우리는 호강하게 사는 것 같애요.

아빠 건강하시고 안녕히 계세요. 아빠 생일 축하드려요. 사랑해요.

봉현이가.

p.s. 제발 교회 다니세요

아빠

MRRY Christmas!

성탄과 새해를 맞이하여

하나님의 축복과 은총이

가득하며 모든 소원 하시는

일들이 이루어지기를 주님의

이름으로 기도드립니다

봉현

Let the heavens rejoice
and the earth be glad
before the Lord, for he comes.

FROM THE OFFERTORY OF THE CHRISTMAS MASS

Merry Christmas

1265 Ontario St. #1010
Burlington Ontario
Canada L7S-1X8
소현·봉현 올림

South Korea

경기도 구리시 수택동
660-16 송림빌딩
범진 종합건설
471-030
김 의천님 귀하

아빠 Merry Christmas!
성탄과 새해를 맞이하여 하나님의 축복과 은총이 가득하며 모든 소원하시는 일들이 이루어지기를 주님의 이름으로 기도드립니다.

봉현

祝賀의 글

이무상 – 김의천 시인의 시를 읽으며

홍창훈 – 무한한 애정의 산물

이병삼 – 첫시집 출간을 축하하면서

김정식 – 그루터기 같은 형님께

선우미애 – 묵묵한 나무 한 그루 같은 詩人

이향숙 – 이제, 시인으로 살기에 더없이 좋은 계절에

김영식 – 가족을 향한 간절함이…

박홍식 – 마음 깊이 축하합니다

장성민 – 인생의 쉼표 같은 회장님

채우석 – 바다를 향한 강물의 힘이 되시길

김의천 시인의 시를 읽으며

이 무 상 | 시인

내가 김의천(金宜泉) 시인을 처음 만나게 된 것은 금년 초였다. 그는 공학도로 사업 또한 그 길을 가고 있었다. 그러기에 시를 쓴다는 이야길 들었을 때 다른 사람들이 그러하듯 생활의 여기(餘技) 쯤으로 생각하고 있었는데 그의 시를 직접 대하고 보니 내 선입견이었음을 느끼게 되었다.

공학도로서 그는 사업은 했으나 숙명적인 길은 예술이었다.

그는 문학, 미술, 음악 등 다양한 재능을 갖고 있으며 시를 쓰고 있었다.

모든 사람들이 다 그러하듯 글을 쓰는 사람은 글을 쓰는 사람들과 어울리고, 그림 그리는 사람은 그림 그리는 사람들과 서로 어우러질 때, 자극도 되고 생각도 달라지며 작품에도 변화가 있는 것인데, 김 시인은 그렇지를 못하였다.

글 쓰는 일과는 거리가 먼 일상이었기에 문단 진출이 늦어질 수밖에 없었다.

늦게야 문단에 첫발을 내딛는 그는 일상의 소박한 이야기들을 작품으로 승화시키고 있었는데 오랜 습작의 실력을 보여주고 있

필자와 이무상 시인

었다.

서정시로서의 함축력이나 군더더기 없는 간결한 표현들이 그러한 것으로, 이러한 실력들은 하루아침에 이루어지는 것이 아니기 때문이었다.

그의 작품을 보면,

사진을 보다가 / 웃고 있는 사진을 보다가 /
돌아올 수 없는 / 그날의 기억이 서글퍼 / 눈물이 난다

사진 속의 나의 아버지는 / 활짝 웃고 있는데 /
사진을 보고 있는 나는 / 눈물이 난다

사진 속에서 / 웃고 있는 나에 아버지가 /
돌아올 수 없어서 / 다시 돌아올 수 없어서 /

사진을 보고 있는 나는 / 눈물이 난다

아버지가 / 웃고 있는 사진을 보면 / 슬프다

—〈웃고 있는 사진을 보면 슬프다〉 전문

나이가 들어가면서 / 12월의 마른 나무 잎처럼 /
나의 웃음이 말라가기 시작합니다

나이가 들어가면서 / 해맑은 웃음을 웃던 /
이제는 아득한 옛 기억이 되어 갑니다

말똥이 굴러가는 모습 하나만으로도 / '까르르' 순수한 웃음을 웃던 /
그 날들이 사라져버린 지도 / 이미 오래된 기억이 되었습니다

웃음으로 비눗방울 만들어 / 넓은 하늘 위에 동동 띄우던
그 날들이 다시는 돌아올 수 없다는 게 / 서글픈 일이란 걸 알면서도
나는 웃을 수가 없습니다

다시는 그렇게 웃을 수가 없습니다

—〈웃을 수가 없습니다〉 전문

오랜 세월에 걸쳐 / 모진 바다에 인생을 걸어온 사람들에게 /
길동무되어 주는 / 그대는

태풍이 불어오는 거센 바다에서 / 가장 겸손한 자세로 /
늘 그 자리에서 버팀목이 되어 주는 / 그대는
…생략…
아첨도 할 줄 모르고 / 거친 욕망도 접어둘 줄 알고 /
세상만사 덤덤할 줄 아는 / 타인을 소유하지 않고 사랑할 줄 아는 /
고독 속에서 몸부림치지만 / 그러나 물러서지 않는 /

오래된 등대 같은 사람이 그립습니다

—〈오래된 등대처럼〉 일부

같은 글들로, 처음 선보이는 것으로 잘 다듬어진 작품들이라 생각이 된다.

그러면서도 조금 아쉬움을 갖게 하는 것은, 신선함이 넘쳐야 될 젊은 나이에 너무 조숙하고 삶에 지쳐 있는 모습들이 보이는데 그것은 본인 스스로가 그만큼 세상을 바쁘게 살아오다, 마음의 안정을 찾으면서 자기를 돌아보는 연민(憐憫)의 정이라 생각이 된다. 그러나 시인으로서 새출발하는 자리이고 보면 그러한 과거들을 긍정적인 사고로 바라볼 수 있는 지혜도 필요하다.

원효의 글에,

心生則鍾鍾法生(심생즉종종법생)
心滅則鍾鍾滅生(심멸즉종종멸생)

이라 하였듯, 모든 것은 마음의 생각에 따라 없어지기도 하고, 생겨나기도 하는 것이기 때문이다. 매미가 7년 동안 애벌레로 땅 속에 살다, 여름 한철을 위해 오랜 고통을 견뎌오듯, 이제 긴 잠에서 깨어나는 변화를 가졌으니, 패기찬 시인으로 독자 앞에 설 것을 기대해 보는 것이다.

무한한 애정의 산물

홍 창 훈 | 수필가, 캐나다 문협회원

시인 김의천은 지금까지 사업가로서 탁월한 능력을 인정받은 전문 경영인으로서의 발자취가 오히려 선명하다.

그래서였을까? 가까이서 지켜본 그의 삶은 늘 선악의 구분이 분명한 만큼이나 현실적 삶의 지표가 단단했었기에, 필자가 익숙히 알고 있던 낯익은 그의 일상이 반전되어 새롭게 드러나는 그의 문학적 사유의 세계가 사뭇 놀랍기만 하다.

말하자면 일상의 순간순간 부딪혀오는 모든 사물과 사람들과의 관계에서 거의 관성적 연장선상에 머물러 있던 그의 시선이 어느 때부턴가 그 관성의 법칙을 벗어나 새롭고 낯선 사유의 지평에 도달했을 뿐만 아니라, 거기서 찾아낸 하나하나의 낯선 의미들을 아름다운 문학적 언어로 녹여내는 놀라운 솜씨를 보여주고 있다.

20여년을 교우해온 나로서도 솔직히 언제부터 그가 시문학에 뜻을 두게 되었는지는 분명하게 선을 그을 수는 없다. 다만 세 아이들과 아내를 멀리 캐나다에 보낸 채 홀로 살아온 그 짧지 않은 시간이 어쩌면 타인들이 엮어가는 질곡의 삶에서 드러나는 슬픔과 고통 그리고 외로움까지도 자신의 것으로 승화시켜 따뜻한 감성으로 키워낸 것은 아닐는지….
아무튼 이제 세 아이들 모두 하나같이 훌륭한 모습으로 성장해서 그의 자랑거리가 됐지만, 그동안 홀로 그가 감내해야만 했을 쉽지 않은 일상의 나날을 그는 문학이란 빙의에 몰입한 채 열병을 알아왔음이 틀림없다.
때문에 그의 시의 행간에서 느껴지는, 존재하는 모든 것에 대한 무한한 애정이야말로 육신의 연륜뿐만 아니라 그의 영혼의 깊이 또한 지천명에 이르고 있음을 알 수 있다.
그렇다면 그가 지향하는 문학세계는 어떤 모습일까?
우리 모두 가슴을 열고 천진한 마음으로 그에게 길을 묻는다면, 어쩌면 그의 작품 구석구석에 낙점되어 여물어 가는 인생의 의미를 발견하게 될는지도 모르겠다.
모쪼록 미래를 향한 끝없는 정진으로 더 큰 열매가 맺길 기대해 본다.

첫시집 출간을 축하하면서

이 병 삼 | 삼성내과 원장

지구태양계는 자신을 둘러싼 거대한 매트릭스 큐브를 10년간 신나게 미끄러지면 또다른 매트릭스 큐브를 만나게 된다. 그래서 대운수 10년, 권불 10년, 사랑은 유효기간이 10년이란 말도 나왔나보다. 때로는 환자와 의사로, 때로는 막역한 친구로 지내며 그의 행불행 5번째 매트릭스 여정을 옆에서 지켜보고 있거니와 부러울 때도 안타까울 때도 많았다.

다방면의 지식에 해박하고 곧잘 시에 관심이 많던 그가 춘천으로 이사가더니 시인으로 등단하였다는 소식을 들었고, 얼마 있어 첫시집을 출간한다는 연락을 받았다. 예상은 하였지만 호반의 도시

춘천은 시심을 일깨우는 데는 남다른 데가 있나보다.

그의 시는 슬픔을 간직하지만 춘천의 봄스런 빛깔을 받아 균형감을 찾은 듯하다. 그는 '슬픈 거문고'에서 자신의 인생여정의 고뇌를 노래하고 있다. 그리고 고뇌를 가진 너와 내가, 만남을 통해 서로의 고뇌를 위로하고 얼러주면서 사는 것이 인생이라는 것을 멋스럽게 노래하고 있다.

아무쪼록 친구의 무궁한 전진을 기대해 본다.

2011. 여름, 수택에서

■ 축하의 글

그루터기 같은 형님께

김 정 식

형님께서 책을 내신다니 정말 놀랐습니다.
무엇 하나 못 하시는 게 없고, 무슨 일이든 일사천리로 당당하게 일처리하시는 모습만으로도 동생으로서 늘 부럽고 우러러 보였었는데, 이젠 시를 쓰시고 세상에 책을 펼치신다니 다시 한 번, 축하의 말씀과 함께 한껏 기대감에 벅찹니다.
형님의 글을 쓰시는 재주가 어느 햇빛 속에서 빛이 나고 있었다는 걸 미처 몰랐습니다.
언제나 형님께서는 서글서글 웃는 모습과 따뜻함으로 저를 마주해 주시곤 하셔서 생각만 해도 기분 좋아지곤 합니다. 그래서 형님은 내 인생의 한 페이지에 소박한 행복으로 남아 있습니다.
형님과 함께 했던 대학원 시절은 정말 아름다운 추억이 커다란 달덩이처럼 남아 있어서 제가 인생의 길을 걸어갈 때마다 항상 새로운 힘이 됩니다.
먼 산의 능선들을 바라볼 때마다 형님의 감사함이 고요하게 느껴집니다.
서울 생활이 바쁘다는 이유 같지 않은 핑계로 형님께 안부전화도

못 드리고 있을 때면, 여지없이 먼저 소식을 전하시는 형님의 배려에도 저는 늘 고개를 조아리며 죄송하기만 했습니다. 그래서 형 만한 아우 없다고들 하는가 봅니다.
장대비가 억수로 내리는 오늘 같은 날엔 형님과 함께 했던 지난 날의 이야기꺼리를 안주삼아 걸쭉한 막걸리 한 잔으로 청량한 자연의 품 속에서 한바탕 멋들어지게 뒹굴며 세상의 근심을 내려놓고 싶다는 생각이 간절합니다.
불현듯 생각해 보건대, 형님이야말로 노닥노닥 삶을 이야기하면 들어줄줄 아는 그루터기 같습니다. 제가 힘들고 지칠 때, 잠시 앉아 쉬어 갈 수 있는 중심축이 분명한 그런 그루터기 같습니다.
그러고 보니, 형님께서 글을 쓰신다는 게 너무도 지당하십니다.

아무쪼록, 장맛비 내린 다음의 강렬한 여름 태양이 세상에 비추이듯이 형님의 시심이 세상을 향해 찬란하게 빛이 나는 일이 되도록 기대합니다.

형님, 늦은 날이 아니게 제 아내와 아들놈과 함께 형님을 꼭 찾아뵙겠습니다. 그날은 형님과의 뜨거운 악수로 축하의 인사를 대신하겠습니다.

김정식

고려대학교 공과대학 전기공학과 졸업, 고려대학교 공학대학원 전기공학과 졸업
변리사, 기술거래사, 현 특허법인 주원 대표 변리사

묵묵한 나무 한 그루 같은 詩人

선우미애 | 시인

어느날 문득 김의천 씨로부터 전화가 걸려 왔다.
시집을 엮는다고 한다.
아! 그래요…. 당연히 그래야지요…. 그동안 준비하신 글이니 묶으셔야지요.
전화를 끊고 생각을 해보았다.
시인 김의천 씨는 묵묵한 나무 같았다.
그래서 그는 가슴속의 깊은 외로움을 들키기라도 할까봐, 늘 웃음으로 너스레를 떨기도 하고, 쨍쨍하고 카리스마 있는 목소리로 남자다운 호령도 내쉰다. 하지만 김의천 씨를 몇 번 마주한 사람은 그 틈새에서 새어나오는 고혹한 그리움과 묵묵한 외로움의 숨소리를 들을 수 있을 것이다.
나는 김의천 씨의 원고들을 함께 정리하면서 그의 시들을 먼저 읽어보았다. 그러면서 다시금, 그의 마음과 시를 쓰게 된 이유도 알 수 있었다. 그는 오로지 가족을 향한 깊은 그리움과 모진 외로움을 시에 담았다.
캐나다에 두고 온 가족이 그리워 수많은 밤을 아픔으로 끌어안아야 했으며, 그 아픔이 시를 주렁주렁 낳게 했던 것이다. 여자들이 겪어야 하는 해산의 고통처럼….

세 자녀와 아내를 캐나다에 두고 온 현실에, 그는 한없이 오그라드는 심장을 주먹에 쥐고 살았다. 어쩌면 그는 그의 뻥 뚫린 가슴 속에 시를 대신 품고 살아왔기에 지금까지 살아낼 수 있지 않았을까? 삶과 죽음까지도 아슬아슬 넘다들던 아찔한 시절이 그에게는 없었을까마는 그는 그의 아내와 자녀들이 생명이었고, 또한 시가 생명이었던 것이다.

그는 남들보다 다소 일찍 생활의 터전에서 손을 내리고, 이제는 다시 새로운 운명을 향해 길을 나선다고 했다. 그리하여 문화의 도시, 아름다움이 만연한 도시, 춘천에 삶을 내려놓았다. 세상 사람들이 부럽다 할 만큼의 경제적 능력과 반듯한 위치에 있음에도 그는 늘 낮은 자세로 겸손하고자 했다. 그리하여 값비싸고 고급의 옷으로 빛을 내는 모습이 아니라 운동복 차림의 털털한 모습으로 사람들을 만난다. 그러면서도 내면의 철저한 검열을 거치면서 나름대로의 인생을 구축해 나가는 세심한 시인으로 보인다.

그는 남은 삶을 봉사를 하며 살아가겠다고 조심스럽게 말을 했다. 아픈데 돈이 없어서 수술을 할 수 없는 자들을 위해, 경제적인 어려움으로 배를 쥐는 사람들을 찾아 도움을 주는 삶을 살고자 하는 김의천 씨의 마음에 하나님의 사랑도 함께 내재해 있음이 또한 감사한 일이 아닐 수 없다.

남이 알아주든 알아주지 않든 상관하지 않고, 그저 마땅히 해야 할 일을 거뜬히 실천하기 위해 계획하는 모습이, 마치 초록향기 담아 세상에서 가장 낮은 자세로 키를 낮추는 묵묵한 나무 같다. 신앙을 가진 그가 이제 다시금 교회에서 두 손을 모아 기도를 한다. 어머니와 여동생, 그리고 캐나다에 있는 가족을 생각하는 기도를 할 때면 왜 그렇게 눈물이 나는지 모르겠다던 시인의 젖은 목소리가 점점 크게 들려오는 듯하다.
그래서 시인 김의천 씨는 가슴속에 옹이진 아픈 기억들을 위해 시집을 엮으며 쏟아놓은 것이다.

이제, 김의천 시인이여!!!
어둠의 긴 터널은 지나보내고 새로운 계획으로 탱탱한 출발을 하는 인생의 대열에 한결같이 웃으며 앞장서길 바랍니다.
그리하여, 더욱 알이 굵은 주옥같은 시심으로 천만년의 生을 활짝 열 수 있는 돈독한 삶이길 바랍니다.
김의천 시인이 시집을 출간함에 다시 한 번 축하드리며, 시인의 깊숙한 마음으로 인해 세상의 한 구석이 환히 내다보이는 아름다움의 영역이 넘쳐나길 바랍니다.

이제, 시인으로 살기에 더없이 좋은 계절에

이 향 숙 | 시인, 에세이스트

오늘처럼 찌는 듯한 성하의 폭염 끝에는 곧 장마가 시작될 터이고 가슴속까지 시원한 장대비가 쏟아질 것이다.

김의천 시인을 아트넥서스 갤러리에서 보았을 때의 첫 인상이 문득 떠오른다. 흘끔 본 낯빛이 그리 밝지 않았고 뭔가 진중한 고뇌에 잔뜩 웅크린듯한 느낌이었다.

그리고 시간이 흘러 지난 4월 문학지로 등단을 하고, 개인 시집 출간을 위해 습작에 전념하면서 시간을 보낸 그를 꽤 시간이 흐른 뒤에 만나보니 낯빛이 더없이 밝고 평안해 보였다. 무언가 속으로만 품고 있었던 웅크러진 것들과 진중함을 비로소 활자로 풀어놓기 시작한 것이다.

한 개인의 역사에 있어 오십여년 세월의 흔적은 누구에게나 그리 녹녹치 만은 않을 것이다.

자신의 삶의 궤적을 따라 거슬러가 보는 작업은 어쩌면 쉽지 않은 자기 성찰의 시간이요, 지나간 시간의 기억들을 낱낱이 훑어내며 헤아려 보아야 했을 터이기 때문이다.

아름다운 복사꽃처럼 활짝 피어나고 열매 맺는 결실의 시간들도 있었을 것이요, 푸르던 잎진 자리에 찬 바람 불어 눈 내리는 겨울날 쓸쓸한 빈 나목처럼 잠 못 들고 서성거리던 날도 여러 날 되었을 것이다.
그리 길지 않은 조우로 한 사람의 됨됨이를 단정짓기는 어렵지만 그동안 지켜본 그는 가슴 한 켠에 진정성을 품은 사람냄새 나는 사람이다.
자신이 터득한 삶의 정도에 철저하리만큼 보수적이며 그 잣대는 어떤 상황 속에서도 기울어지거나 흔들림이 없는 것이 큰 장점이자 때로는 단점이기도 하다.
또한 자신의 근본됨을 알고 하나님을 경외하며 끊임없이 삶의 목적성과 방향에 질문을 던지는 그런 사람이다.
결국 그동안 삶의 궤적으로 엮어낸 시의 편린들은 곧 그의 삶의 방향이요, 잣대인 셈이다.

지천명의 나이에 출사를 던진 첫 시집 발간을 진심으로 축하합니다!
마침표가 아니라 쉼표를 찍으며 느낌표로 치우치기보다는 말줄임표 속으로 이웃과 세상을 향해 꼭 해야 할 이야기를 함축하고 다져낸 후 차근차근 풀어내는 시인이 되기를 진정 바랍니다.
들끓는 열정이 차츰 잦아들어 넘침이 없을 터이고 지나온 치열한 삶들로 인해 모자람도 없을 때이니 벗이여, 이제 시인으로 담담히 말하거나 침묵하며 살기엔 더 없이 좋은 계절이 아닌가!

얼마 전 주일예배를 마치고 나서는 김시인의 환한 얼굴이 햇빛에 드러나듯이….

이후로부터 계획하고 진행해 가는 모든 일에
하나님의 선한 복과 빛 같은 은혜가 함께하길 바랍니다.

'우리가 이 보배를 질그릇에 가졌으니 이는 심히 큰 능력은
하나님께 있고 우리에게 있지 아니함을 알게 하려 함이라'

–고린도후서 4장 7절

가족을 향한 간절함이…

김 영 식

독자가 되어 함께 호흡하다가 문득 세상이 중요하다고 선전하는 무의미한 것들에 매달리는 대신 타인을 동정하고 공동체를 사랑하는 마음을 회장님께 배웁니다.
삶이 힘겨워도 진짜 의미 있는 것을 향해 힘차게 나아가라고 등두드려 주시는 마음에 내 자신도 회장님처럼 곱고 강한 영혼을 가진 사람처럼 거듭나길 바라는 마음입니다.
육체 속에 갇힌 가족을 향한 간절함이, 애틋함이, 그리움이, 아름답지만 고뇌에 찬 영혼의 소리 없는 메아리를 만인이 함께 나눌 수 있기를 간절히 바랍니다.
다시 한 번 진심으로 축하드리며, 이제 회장님의 다른 새로움을 느끼기 위해선 회장님과의 운동, 아시죠? 산악자전거….
저도 이젠 회장님의 세상을 닮고져 산악자전거를 준비하겠습니다.

마음 깊이 축하합니다

박 홍 식

다사다난했던 지난 시간을 뒤돌아보면 관계의 의미를 진지하게 생각해 보게 됩니다.
항상 친형처럼 감싸 주시고 내리보내 주시는 의리에 일방적인 은혜를 받고 있어 몸 둘 바를 모르겠습니다. 그래서 더욱 더 마음의 짐을 안게 되고 조금이나마 되돌려 드리고 싶어 하루하루가 소중해지는 관계에 감사함과 동시에 죄송함을 느끼며, 이렇게 출판에 즈음하여 글로써 회장님에 대한 마음의 빚을 남겨 봅니다.
멋지고 당당하게 앞서가는 회장님을 따르며 배우고자 하는 마음이 절로 생겨납니다. 그러니 멈추지 마시고 건강하게 행복하게 지금처럼 계속 제 앞에 계셔주세요.
글로 표현하기에 부족하지만 회장님과 함께 하는 술자리에서 변함없이 갚으며 응원하겠습니다.
다시 한 번, 축하드립니다.
회장님 파이팅!!!

인생의 쉼표 같은 회장님

장 성 민

지난해 겨울 추위가 한창 기승을 부릴 때 회장님을 처음 뵈었을 때가 생각이 납니다.

회장님께서 그러셨지요. 산 속에서 사시면서 세상을 등지고 혹은 힘이 드셨을 때 간간히 적어 오셨던 낡은 노트를 던져주시며 이젠 이곳 생활을 접으려 하니, 이딴 것이 무슨 소용이 있겠느냐며 '니가 알아서 없애버리라고….'

지금에 와서 돌이켜보니 왜 그때 제가 한번 더 생각을 하지 않았을까? 하는 생각이 뇌리를 스치어 지나갑니다.

최근에 책을 출판하신다기에 처음엔 무척 제 자신이 당황스럽고 죄스럽기까지 했습니다.

왜냐하면 그동안의 속세의 생활의 발자욱을 제가 지웠다고 생각하니 회장님께 죄송스럽고 눈앞이 캄캄해져만 갔습니다.

글의 보따리가 없어도 틈틈이 준비해 오신 또 하나의 보따리를 보면서 저 자신은 놀라지 않을 수가 없었습니다.

회장님! 하나하나 챙겨 놓으신 보따리를 잘 풀으셔서 직원들은 물론 타인이 보았을 때, 그래도 무언가 얻을 수 있고 느낄 수 있어

한번쯤은 쉬어갈 수 있고 인생에 있어서 '쉼표' 같은 길잡이가 될 수 있는 그런 보따리로 자리매김할 수 있는 양서가 되기를 바랍니다.

끝으로 출간을 축하드리며 이번이 끝이 아닌 또 다른 보따리를 준비하시고 또한 만인이 공유할 수 있는 아름다운 끈을 놓지 않으리라 믿습니다.

"회장님! 존경합니다."

바다를 향한 강물의 힘이 되시길

채 우 석

우주 속의 작은 세상사에도 무엇인가 느끼고 그것을 온전히 전달하는 것이 얼마나 조심스럽고 힘든 일인지 회장님의 진실된 고민을 옆에서 조금이나 느끼며 연약한 그 진심이 다른 이들에게 온전히 전달되기를 소망하며 미흡한 자격으로 이번 작품의 첫 나들이를 저 또한 진심으로 축하드립니다.

감히, 회장님에게 누가 되지 않기를 바라며 지금까지 그리하셨듯이 바다를 향해 흐르는 강의 힘을 보여주세요.

미망(迷妄)의 어둠 속에서의 깊은 울림과 참신한 시적 변용

李 喆 鎬
(수필가, 소설가, 문학평론가)

김의천 시인은 우선 단순, 명료한 듯하면서도 깔끔하며 창조적 사고(思考)를 바탕으로 한 참신함이 넘친다. 진부한 일상의 단단한 껍질 속에서도 그의 의식세계는 마치 별을 향해 뻗어 나가는 나뭇가지처럼 거침없이 확장되고 있으며, 시선의 새로움은 깊은 산속의 아침 공기처럼 청신하다.

그러면서 그가 펼쳐 보이는 시세계는 끊임없이 본래적 자아를 탐색하며 자연과의 동화를 모색하는, 순수 동경의 세계이다. 삶의 고뇌나 현실적 아픔마저도 승화시켜 향토적 시정(詩情) 속에 담으려는 노력도 엿보인다.

그만큼 그의 심상(心想)은 맑고 순수하며, 가슴 속에 뛰어난 감수성을 품고 있다. 밤하늘의 별빛 같은 청아한 반짝거림도 느껴진다. 세상과 사물을 바라보는 시선이 칼날같이 번뜩이며 날카롭기도 하지만, 매우 섬세하고 안온하기도 하다.

「까만 밤 / 혼자이다 / 이 밤이 나를 훌쩍 삼키려 든다 / 아무리 허우적대도 깜깜한 어둠 뿐」으로 시작되는 그의 시 「어둠에 그림을 그리다」는, 별 하나 없이 외롭기만 한 밤처럼 캄캄한 어둠과 혼돈의 현실 속에서 실상 아무것도 할 수 없는 「나」에 대한 두려움과 그로 인한 고독을 극명하게 보여 주고 있는 작품이다.

사실 이 광활한 우주 속에서 한 인간이란 존재도 그렇고, 할 수 있는 것도 그렇고, 아주 미약하기만 할 뿐이다. 그리고 모든 것들이 별빛 흐르듯 속절없이 지나갈 뿐이다.

이런 미망(迷妄)의 어둠 속에서 「나의 모습을 그려보는」 시인의 각성된 몸짓으로부터 퍼져 나오는, 그 의미 깊은 울림이 마치 산사의 종소리처럼 멀리까지 울려 퍼진다.

「이제 나의 시는 외롭지 않더이다」에서 그는, 이제 자신의 시는 더 이상 외롭지 않다고 외치고 있으나 실상 그는 외로운 것이다. 시인이 어찌 외롭지 않을 수 있겠는가? 시가 어찌 외로움을 담아내지 않을 수 있겠는가?

시인과 시는 원래 외롭고 고독한 것이다. 인간의 온갖 고뇌, 시대의 모든 아픔들이 시인과 닿지 않을 수 없는 것이며, 시인은 피를 토해 꽃을 피우듯 이를 시로 쓰지 않을 수 없는 것이다. 마치 역주행이라도 하는 듯한, 역설적인 이 시의 행보에 마음이 더욱 아파진다. 채찍 맞은 말이 길게 비명을 질러 대는 듯한, 시인의 절절한 외침에 가슴이 먹먹해진다.

외롭다고 하는 것보다 더 가슴 아프게 하는 건, 외로우면서도 외롭지 않다고 하는 거다.

「인생」에서 그는 잠깐 있다가 없어지는 안개와도 같은 삶이니, 그냥 웃고 살자고 한다. 한 떨기 풀꽃이 피었다 시들어 버리는 것 같은 삶이니, 그냥 껄껄껄 웃고 살자고 한다.
하긴 움켜쥐면 쥘수록 손가락 사이로 빠져 나가는 안개와도 같은 것이 우리 인생이거늘 아무리 꽉 움켜쥔들, 무엇을 얼마나 더 가질 수 있겠는가? 잠시 피었다가 시들어 버리는 풀꽃 같은 인생인데, 좀 더 살겠다고 욕심을 내본들 얼마나 더 살 수 있겠는가? 그러니 그냥 허허거리며 웃고 말자는, 시인의 외침이 설득력 있게 다가올 수밖에 없는 것이다.
그의 이러한 인생과 인간 존재에 대한 허무주의적 의식은 「산다는 거야」에서도 계속된다. 특히 이 시에서 그는 「삶이 허무하다고 / 종종걸음을 치듯 / 발버둥을 쳐본들 / 목마른 혀끝 하나 축일 수 없다는 게 / 산다는 거야…」하며 자조 섞인 냉소마저 보이고 있다.
노자(老子)는 일찍이 「천지 만물은 인식을 초월한 '하나'라는 본체(本體)에서 발생하는데, 그 본체는 형상이 없어 볼 수도 들을 수도 없는 허무」라고 했다. 어쩌면 이 시인도 아무것도 없고 텅 빈 듯한 허망함 속에서 인생이 덧없고 무의미하게 느껴져, 그 허무하고도 허전한 마음을 이 시로써 표출한 것은 아닐까.

슬픈 거문고를
가슴에 달고 사는
사람이 있었지요

그 사람은
번뇌의 흑백 날개를 달고

가슴 먹먹해져 울 때면
일곱 줄의 슬픈 줄을 퉁기며
마음을 달랬지요.

—〈슬픈 거문고〉에서

거문고는 원래 그 줄이 여섯 개다. 헌데, 이 시에서는 거문고의 줄이 일곱 개로 묘사되어 있다.

그러나 이것은 시인이 거문고의 줄에 대해 잘못 알고 쓴 것이 아니라 그에게는 기존의 여섯 개의 줄 말고도 또 하나의 줄이 존재하는 것으로 여겨졌기 때문이다.

왜 그런가?

그것은 이 시속에 나오는, 「그 사람」의 가슴 속에는 줄이 일곱 개 달린 거문고가 있으며, 이 시의 마지막 연에서 「…거문고 일곱 번째 줄은/ 그 사람의 슬픈 울림의 퉁김으로/ 섬뜩하게 다가오는 죽음의 감촉을 위해/ 슬픈 거문고 한 줄을 더 매달고 살아/ 슬픈 거문고 일곱 줄을 가슴에 달고 사는…」 하고 묘사하고 있듯이, 마음 속의 슬픈 울림과 죽음의 감촉을 위해 줄이 하나 더 있다는 것이다.

인식의 확장을 통한, 거문고에 대한 시적 변용이 무척 신선하고도 의미 깊게 느껴진다.

「봉의산 (5) – 비 오는 날」은 봄비 내리고 꽃이 지는 봉의산의 풍경을 그린 시다. 봉의산의 그 자애로운 품안에서 평화롭게 쉬며, 그 산의 정기를 흡입하며, 욕심 없이 시처럼 살아가겠다는 시다.

시인의 이런, 소시민적인 바람이 봉의산의 그 소박한 아름다움과 합치되면서 더욱 곱고 고즈넉한 문학적 풍경을 연출해 낸다.
봉의산의 품안에 있으며 행복해 하고 편안해 하는, 산과 동화된 시인의 숨결이 생생하게 느껴지는 작품으로 생각된다.

여름날에
가뭄이 땅바닥 비틀어지듯이
갈증에 허덕이는
나의 가슴에
그대들의 만남은
촉촉한 단비가 되어
내 가슴을 울린다.

—〈만남〉에서

이 작품에서 시인의 가슴을 울리는 건, 촉촉한 단비와도 같은 「그대들과의 만남」이다. 그만큼 「그대들과의 만남」은 소중한 것이고, 단비를 기다리는 메마른 대지처럼 늘 갈망하는 것이다.
사실 산다는 건 외롭고, 무언가 갈증에 허덕이는 것이다. 그래서 좋은 사람들과의 만남은, 고독과 그리움이 사무쳐 잠 못 이루는 밤에 환하게 떠오른 달을 본 것 같은 위로와 힘이 되는 것이다.
김용택 시인은 그의 시 「달이 떴다고 전화를 주시다니요/이 밤이 너무 신나고 근사해요」 하며 감격해 한다. 그리움이 사무쳐 오는 밤에 달이 떴다며 걸려온 전화에 한없는 위로와 기쁨을 느꼈던 것이다.

김의천 시인 또한 좋은 사람들과의 만남을 통해 이런 위로와 기쁨을 느꼈을 것이다.

김의천의 시들은 결코 의뭉스럽지가 않다. 세속에 닳고 구부러진 마음도 엿보이질 않는다.

시은은 진솔하고 정제된 언어들로 자신의 속마음을 탁 털어 놓고 명징한 이미지로 소박한 탈속의 경지를 보여 준다. 그러면서 그 속에 번뜩이는 섬광이 있다.

바람처럼 자연스럽게 흐르는 그의 시들이 사람들의 가슴속에서 신선한 바람을 일으키며 위로와 힘이 되었으면 좋겠다.

에필로그
epilogue

여러 번의 망설임 끝에 책을 출간하기로 결정했음에도 불구하고 내 마음은 짐짓 초점을 잃은 푸른 안개의 흔들림만 같다.

과연 나의 글이 하나의 단순한 책 한 권으로 나뒹굴며, 향기 없는 글이 되어 메마른 바위에 던져지는 글은 아닐런지 무척 조심스럽다.

한 편의 글을 읽다보면 글쓴이의 체취가 그대로 느껴진다. 그 속에는 글쓴이의 삶과 품성이 녹아 있는 경우가 허다하기 때문이다. 그래서 글은 글쓴이의 영혼이며 얼굴이라고 말하지 않던가?

때로는 글을 쓰는 사람이라면 혹은 그림을 그리는 사람이라 하면 뭔가 달리 보이고자 기인적인 외모나 남들이 인정할 수 없는 괴팍한 성격으로 외부인에게 비쳐지게 하는 경향이 있다. 그뿐인가? 겉으로는 온정의 눈빛으로 따스한 시선을 보내면서 속은 사욕의 눈빛으로 세상의 기회만을 염탐하는 세상 사람들과 다를 바 없는 예술인도 있다는 사실을 의심하지 않을 수 없다. 이런 식으로 자신을 나타내는 예술인이라는 사람들을 만날 때마다 나도 같이 속물로 찌든 인간의 굴레에 함께 뒤엉키는 기분이 드는 게 사실이다. 그래서 글을 쓰는 일조차 처참한 오물을 뒤집어쓰는 일 같아서 그만 두고 싶을 때가 어디 한두 번이었는가?

살다보면 이런저런 일들이야 누구나 겪는 일들이겠지만 지금 나의 여정을 푼 이곳에서 짧은 여러 달 동안 많은 일들을 겪었다.

아름다운 장소를 이곳 저곳 찾아다니다 강이 훤히 내다보여서 나에게 시심이 담길 수 있는 곳이기에 둥지를 만들었다. 순수한 예술인들과의 묶음을 같이 하기 위하여 멋진 공간을 만든 것이다.

소지역의 화가들에게 공간을 제공해 주고 방문하는 문인들과 세상의 얘기를 나누고자 했다. 아름다운 마음으로 오고가는 예술인들의 속내 깊음이 그 자리에서 꽃처럼 피어나길 기대하면서 말이다.

그런데 지금에 와서는 그것은 한낱 허상에 불과한 일이었다. 지금은 분노와 체념으로 나의 심장을 들끓게 하고 말았다. 경치가 좋고 강이 훤히 내려다보이는 공간을 예술인들의 쉼터로 자리매김하기를 바랐으나 이 공간에서 개인의 이익과 생활 수단으로 생각하여 마치 자기 점포인 양 예술인을 상대로 장사를 벌이는 시장판이 되어 버렸으니 이 또한 얼마나 딱한 일이겠는가? 예술인과의 만남의 터가 장사터로 변했으니 참 세상이 원망스러웠다.

예술인들의 만남은커녕 순수한 나의 마음은 덕지덕지 더러운 때만 붙게 되었다.

나는 생각해 본다. 예술이라는 단어 속에서도 세상에 검게 드리워진 인간 사욕이 순수한 예술을 삼키고 있다는 것을… 먹구름 한 점 없이 파랗게 펼쳐진 자연의 풍광으로 아름답던 둥지가 지금은 텅 빈 공간으로 굳게 빗장이 닫혀져 있으니 처음과 같이 순수하고자 했던 의연한 나의 생각이 얼마나 부질없는 짓이었는지 모른다는 생각에 나는 독기처럼 타오르는 절망을 어찌할 수 없어 심장이 녹아내린다.

가난한 화가를 빙자하여 그림을 팔고자 하는 비겁함에서 오는 오만함은 어디에서부터 오는 것이란 말인가? 물론 사람이 숨을 쉬기 위해서는 공기가 필요하겠지만 더러운 공기까지 마셔가며 살아야 하는지….

아름다운 꽃에서는 향기가 나서 누구나 가지고 싶고, 보고 싶고 관심이 있는 것이 아니겠는가? 이런 아름다운 꽃들이 모여 향긋한 향을 내고 멋진 자태를 뽐내는 것이 진정한 예술이라고 나는 생각한다.

자기 자신의 정욕을 위해 예술을 팔아 내일의 황홀한 인생을 설계하는 사람이 어찌 예술인이라 호칭하며 숨을 쉴 수 있는지 말이다.
내가 생각했던 순수한 아름다움이고자 하는 예술인의 감각은 다 어디로 가고, 맑은 강물에 장마가 져서 흙탕물이 되어 마구 흘러가는 아픔만이 뒤엉켜 있으니 어이하리요.
남이 뭐라 한들 자신의 글을 쓰고, 자신의 철학에 비추어 그림을 그리는 예술인이 되어 함께 사는 이웃에게 감동과 웃음을 주어 소통하는 화합의 자연인이 될 수는 진정 없는 것인가?
예술을 하는 사람은 꼭 기인처럼 모양을 내고 남과 달리 보이고자 하는 태도가 얼마나 어설픈 승냥이의 몸짓인가 말이다.
요즘에는 무슨 문학지나 출판사가 그다지 많은지 모른다. 하루에도 몇 권씩 이름도 모르는 사람에게 책이 오곤 하지만 그렇게 무분별하게 쏟아지는 글들이 과연 진정성을 얼마나 갖고 있을까?
어떤 생각이 글로써 전달될 때 추한 말과 행위로 더럽혀진 얼굴로, 때로는 마음만 먹으면 얼마든지 고매한 인격의 가면으로 얼굴을 바꿀 수 있다는 사실을 알고 났을 때, 나는 비로소 진정한 예술인을 찾기가 쉽지 않다는 것도 함께 알 수 있었다.

글쓴이가 쓴 글은 곧 겉과 속이 일치하는 깨어 있는 의식이어야 한다. 이런 의식조차 없이 습관적인 겉치레를 공공연하게 하고도 부끄러움을 모르는 처사가 어찌 글쓴이의 자세이며 예술인이라 말할 수 있으리요?

예술인들 사이에서는 마음의 밭이라도 가는 듯이 호미와 쟁기를 들고 흥건한 식은땀을 보여주는 척하면서 어느새 그 연장이 보이지 않는 창과 검이 되어 순수한 예술인들의 마음밭에 진홍의 핏물을 흐르게 한다는 엄연한 실상을 보니 깊은 밤에 가슴이 찢어지는 소리가 내 귀에 쟁쟁히 들려오는 것 같았다.

이래저래 글을 쓴다는 것이 자신을 세상에 드러내는 일인지라 그리 쉬운 게 아니라는 생각이 들어 나는 나의 글을 접었다.

출판사에 글을 맡기고도 몇 번씩이나 보류를 시키고 허무한 시간을 흘려보내고 있었다.

나의 글을 쓰는 가까운 동인들의 책을 엮자는 간청에도 불구하고 원고를 없앤 적이 몇 번이나 있었다. 그런데 나에게 항상 아름다운 세상에 그윽한 향기를 넣어주고 강물 같은 시심을 불어 넣어준 나의 친구이자 동인이 나의 글을 모두 복사하여 가지고 있었는가 보다.

나에게 복사된 양식을 건네주고 책 엮음을 권유하며 다시 희망을 주었다. 세상의 색깔도 여러 개가 있듯이 어찌 좋아하는 색만 있겠는가? 그 문인은 처음 책을 엮기로 했던 것은 가족을 향한 그리움의 향기가 아니었냐며 나의 지치고 고된 영혼을 고요로 흔들어 깨우는 것 같았다.

그 문인의 말이 나의 여린 가슴에 깊숙한 섬 하나 심게 되었다. 그 섬을 생각하며 반쯤 꺾였던 절망을 찾고 잃어버렸던 사색을 다시 했다.

언젠가는 떠날 수밖에 없는 섬이긴 하지만 내가 살아 숨 쉬는 동안은 여백에 그려지는 삶의 진실이 되어 마른 가슴 촉촉이 적셔줄 것이다. 나의 가족은 늘 섬처럼 그러했던 것이다. 그래서 처음의 내가 의도한 대로 나는 나의 가족을 위한 글을 자서전처럼 엮었기에 못내 책을 출판하기로 최종 결심을 하게 되었다.

나의 책은 누구에겐가 팔려지길 원하는 것도 아니요, 내가 문인이고자 이름 받고 싶은 것도 아니요, 오직 나의 아이들과 아내 그리고 나의 가족이 어두운 밤하늘에 점점이 박히는 아름다운 별빛처럼 슬픔과 기쁨과 그리움의 세월이 봄눈처럼 녹아내려지는 책이길 간절히 기도하는 마음뿐이다.

그리고 이 시대의 순수 예술인들 속에 섞여 있어 겉만 예술인 같이 행동하는 이들의 오만과 편견이 언제까지 계속될 것인지 안타까울 뿐이다.

한평생 아름답게 살다가기가 이토록 어려울진대 저기 저 산 하늘 아래 구름이 머무는 곳에서 또 한 번의 깊은 포옹으로 그들과 함께 어깨를 맞닿으며 살아가는 멋이 진정한 인생이 아니겠는가? 나는 나의 이웃들과 함께 어우러지는 아름다운 가슴을 위해 기도한다. 그들을 위하여….

마지막으로 많이 부족한 나의 책을 관심 있게 읽어주신 분들께 감사드립니다.

사랑하는 나의 家族

작은딸과 아이 엄마

엄마와 세자녀

고모와 함께

나의 여동생

큰딸 소은

작은딸 소현

소현, 소은자매

몽골 선교갔을 때 모습

아들, 어머니와 함께 철원집에서

아들 봉현

부모님과 함께 한 내 어릴 적 모습

어머니와 필자

여동생과 필자

길, 운무

잔디마당

겨울(길)

칠원에서…

춘천 갤러리 전경

구리 사무실

춘천 갤러리에서 본 풍경

나의 詩는 외롭지 않습니다

초판 1쇄 인쇄 | 2011년 9월 25일
초판 1쇄 발행 | 2011년 9월 30일

지은이 | 김 의 천
발행인 | 윤 영 희
주　간 | 이 은 별

발행처 | 도서출판 동행
출판등록 | 제2-4991호
주　소 | 서울시 중구 을지로 3가 302-18 난빌딩 303호
전　화 | 02-338-2734, 2285-0711
팩　스 | 02-338-2722

정가 12,000원

ISBN 978-89-94227-35-1 03810